AF397546

Arnaud Genon

Mes écrivains

*Une histoire très intime de la littérature
ou pourquoi j'ai commencé à écrire*

© Rémanence, 2018

Collection Traces

Couverture et mise en pages : www.mapicha.fr

ISBN 979-10-93552-77-4

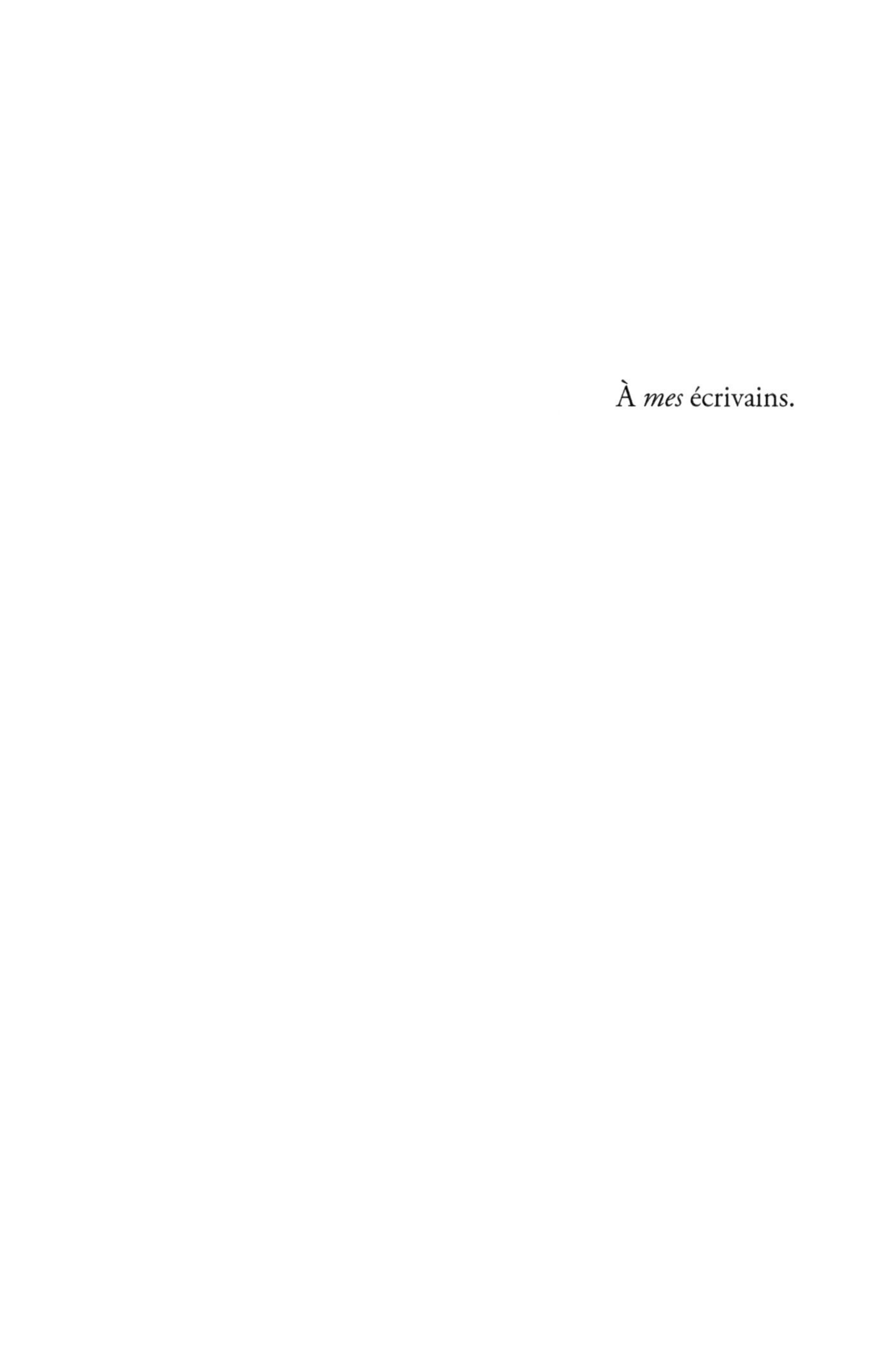

À *mes* écrivains.

(…) avec le recul des années je ne peux plus séparer ce
qui m'a été transmis par des personnes de ce qui m'a été
donné par des livres, et je ne sais plus si j'ai eu le privilège
de rencontrer des hommes qui me parlèrent comme de
bons livres ou de croiser de bons livres qui se confièrent à
moi comme des hommes.

Claude Roy, *La Fleur du temps* (1983-1987)

AVANT-PROPOS

La littérature a joué dans ma vie, comme pour beaucoup, je crois, un rôle capital. Je l'ai découverte alors que le monde s'effondrait sous mes pieds, peu avant la mort de ma mère. J'avais onze ans. Les livres sont ensuite devenus des compagnons, des amis. Je les ai étudiés à la faculté puis j'ai décidé de transmettre leur amour à travers mon métier d'enseignant. J'ai, plus tard, écrit des articles, des essais dits «savants», j'ai donné des conférences sur les auteurs qui m'intéressaient, me touchaient, me parlaient. J'ai la chance d'avoir rencontré certains d'entre eux, de m'être lié d'amitié avec d'autres.

Ces rencontres avec les livres, les œuvres ou les écrivains qui ont compté et comptent encore aujourd'hui, jalonnent ma vie, en délimitent les étapes, les âges. Elles me ramènent à différents moments, en différents lieux. En fait, elles *me* racontent.

J'ai choisi de les restituer ici, non pas de manière chronologique, mais en fonction de la date de naissance des écrivains dont je parle, comme dans toute histoire de la littérature traditionnelle. Respectant la chronologie littéraire, j'en suis venu à désorganiser la chronologie de ma propre vie et à lui offrir une nouvelle temporalité, un nouvel ordre et donc un nouveau visage. Mon histoire est devenue *une* histoire[1]. Mon histoire est devenue une fiction où « je » est le personnage principal.

Ma petite histoire très intime de la littérature est une autofiction…

---

1. J'emprunte la formule à Laurent Herrou (« C'est à la fois mon histoire et une histoire »), « Toute vie est un roman » : entretien avec Laurent Herrou par Arnaud Genon, *La Cause littéraire*, 26 avril 2016. En ligne : http://www.lacauselitteraire.fr/toute-vie-est-un-roman-entretien-avec-laurent-herrou-12-avril-2016-par-arnaud-genon

COMMENT J'AI ÉTUDIÉ JEAN-JACQUES ROUSSEAU

Jean-Jacques Rousseau
1712-1778

J'ai lu *Les Confessions* de Jean-Jacques Rousseau à vingt ans. J'étais étudiant à Bordeaux, en deuxième année de lettres modernes. Le programme de littérature française ne portait que sur les livres I à VI, mais rapidement je me pris au « je » de l'auteur. Il se confessait, je devenais son confident attentionné. Je ne pouvais pas *l'*interrompre – ni *m'*interrompre – en plein cœur du récit de sa vie ! De quelle impolitesse n'aurais-je pas fait preuve ? Je lisais donc non seulement la totalité des douze livres, mais aussi plusieurs articles et essais lui étant consacrés. Annotant sans cesse les pages, les cornant, me promenant de bibliothèque en bibliothèque avec les deux volumes sous le bras, je devins, aux yeux de mes camarades de faculté, le spécialiste incontournable de l'auteur. Je me mis – pour pousser le vice à son comble – à apprendre par cœur plusieurs passages, notamment ceux du livre II qui relatent la rencontre du narrateur avec Madame de Warens.

Ce deuxième livre est celui où Jean-Jacques, qui n'a encore que seize ans, prend la décision de fuguer pour fuir son maître graveur, Monsieur Ducommun, « rustre et violent », qui avait terni, en très peu de temps, l'éclat de l'enfance du tout jeune homme. Parti sans rien, les poches vides, il rencontra un curé, Monsieur de Pontverre. Ce dernier, voulant amener au catholicisme le garçon, l'envoya chez une dame qui s'occupait des nouveaux convertis : Madame de Warens. Avant de la rencontrer, Rousseau l'imaginait comme une « vieille dévote », peu attirante et « bien rechignée ». En la voyant pour la première fois, il eut une révélation qui ne fut pas vraiment religieuse : « Je vois un visage pétri de grâces, de beaux yeux bleus pleins de douceur, un teint éblouissant, le contour d'une gorge enchanteresse. Rien n'échappa au rapide coup d'œil du jeune prosélyte ; car je devins à l'instant le sien, sûr qu'une religion prêchée par de tels missionnaires ne pouvait manquer de mener en paradis. » Elle initia Jean-Jacques à tous les arts et même aux plus plaisants.

J'attendais avec impatience les premiers cours sur les *Confessions*, après avoir étudié *La Princesse de Clèves*, sans enthousiasme, au premier semestre. J'espérais maintenant m'enflammer à la première citation du préambule de Rousseau, briller de tous mes feux à l'évocation de l'épisode du ruban volé…

Le jour du premier cours magistral, j'arrivai bien en avance dans l'amphithéâtre, me positionnai dans les premiers rangs. Mes feuilles étaient prêtes, le titre déjà noté, les ouvrages posés sur le pupitre. Une femme – je lui donnai trente-trois ans – monta sur l'estrade, installa un micro, ouvrit son cartable et en sortit un volume de la Pléiade ainsi que deux livres au format de poche. Elle était donc notre professeure, la plus jeune que je n'avais jamais eue à l'université. Qui plus est, je la trouvais très jolie, habillée sobrement, mais de manière beaucoup plus sexy que ne l'étaient les autres enseignantes. Elle se présenta : elle s'appelait Mélanie Demengeot, elle assurerait le cours sur la deuxième œuvre de l'année, à raison d'une heure hebdomadaire, pendant dix semaines. Elle était à notre entière disposition en cas de problème. Sa voix était très douce.

À la fin de la première séance, j'allai boire un thé à la cafétéria avec quelques amis. Je leur demandai ce qu'ils avaient pensé du cours, de la prof, de la manière dont elle nous parlait des *Confessions*… Ni Rousseau ni celle qui l'avait évoqué ne les avaient visiblement marqués contrairement à moi qui confiai à mes camarades amusés, paraphrasant l'écrivain relatant sa rencontre avec Mme de Warens, que dès le premier mot, dès le premier regard, Mme Demengeot m'avait inspiré « le plus vif attachement ».

Mon attachement à Rousseau allait lui aussi grandissant. Je consultais chaque ouvrage critique mentionné par l'enseignante, j'élargissais mes lectures aux autres textes de l'auteur, notamment à ses *Rêveries du promeneur solitaire*. Un jour, à la fin d'un cours, comme le faisaient généralement certains étudiants, je me décidai à monter sur l'estrade et à poser une question à Mme Demengeot. Elle avait cité un texte du critique Jean Starobinski, mais je n'avais pas eu le temps d'en noter la référence complète. Elle l'inscrivit, de sa propre main, en haut de la feuille sur laquelle j'avais pris mon cours, me précisant que je trouverais le livre à la bibliothèque universitaire. J'appréciais son écriture un peu ronde ainsi que la couleur d'encre de son stylo. Je montrais à qui le voulait l'indice de notre rencontre, aussi heureux, ému et troublé que si elle m'avait rédigé un mot doux.

La semaine suivante, j'assistai au cours accompagné d'une amie. Les bancs de l'amphithéâtre s'étaient quelque peu vidés depuis la première séance. Je ne comprenais pas que Rousseau ou Mélanie – je l'appelais désormais ainsi –, plus précisément que Rousseau et Mélanie puissent être à l'origine d'une telle désaffection. J'en voulais d'ailleurs personnellement à ceux qui avaient fui les rangs et qui préféraient attendre à la cafétéria le cours suivant, persuadés qu'une âme charitable – moi en l'occurrence – leur donnerait les notes fraîchement prises. Mme Demengeot s'en étonna elle-même, et non sans humour, signala que l'on pourrait d'ici deux ou trois semaines faire cours dans son bureau, entre rousseauistes convaincus. Je souris et me dis que finalement les autres pouvaient bien aller au diable. S'il n'en fallait qu'un, je serais celui-là.

C'est lors de ce cours que je me décidai à écrire une missive à Mélanie. Je me présentai comme un de ses étudiants assidus, timide, touché par sa voix, par ses mots, sensible à sa beauté. Elle m'initiait aux *Confessions* de la même manière que Mme de Warens avait initié Jean-Jacques à la musique et à l'amour. En ce sens, elle était ma Mme de Warens, une Mme de Warens rêvée, fantasmée et pourtant si proche de moi. Ma lettre n'était pas vraiment une déclaration d'amour, mais plutôt la manifestation de mon admiration, l'expression de l'attirance d'un tout jeune homme pour une femme qui était sa professeure. Mon discours était probablement bien ampoulé, sérieux, mais aussi rieur, badin, tout en restant très respectueux. Ce n'était pas une blague – les sentiments exprimés étaient réels –, mais puisque je portais le masque de l'anonymat, j'insinuais un jeu au cœur de mon message en appelant à être reconnu et identifié, ainsi que le voulait la tradition du bal masqué au XVIIIe siècle.

J'achetai une enveloppe blanche à la COREP de la faculté, y glissai ma feuille manuscrite et attendis, avec mon amie qui faisait le guet, que la salle des casiers des enseignants fût vide pour aller, d'une main tremblante de peur et d'excitation, y déposer la lettre. À peine rentré chez moi, ouvrant le deuxième dialogue de *Rousseau juge de Jean-Jacques*, je regrettai déjà mon geste.

La séance suivante, Mme Demengeot ne fit aucune allusion à la lettre. Je m'attendais à ce qu'elle y fasse référence, avec humour, mais elle n'en dit mot. Je me demandai d'abord si elle l'avait reçue et allai vérifier, avec l'aide de ma complice, son casier que je trouvai vide. Rien non plus les cours d'après. Elle avait probablement cru à une mauvaise blague et déchiré la feuille qui gisait à ce moment-là au fond de la poubelle de son bureau. Moi-même, je n'y pensais plus, me concentrais tout à Rousseau en prévision de l'examen oral qui déterminerait l'obtention de mon module de littérature française.

Les semaines passèrent et le jour de l'épreuve arriva. Nous ne saurions qu'au dernier moment qui serait notre examinateur. J'avais une chance sur sept d'être interrogé par Mme Demengeot, chance ou malchance, devrais-je dire, car j'aurais tout donné pour ne pas me retrouver seul en face d'elle dans une salle de classe, gêné que j'étais encore de mon geste amoureux. Pourtant, c'est elle qui ouvrit la porte et qui me demanda, de sa douce voix, d'entrer et de choisir un sujet. Une dizaine de feuilles pliées en deux étaient disposées sur une table. Je tirai la sept, mon numéro fétiche. La question était posée en ces termes : « *Confessions* ou *Confidences* de Rousseau ? » Mélanie m'invita à y réfléchir trente minutes, dans une salle attenante, pendant qu'un autre candidat exposait le fruit de son travail. Elle vint ensuite me chercher et me demanda, souriante, si le sujet m'avait inspiré ce à quoi je répondis que je l'espérais, mais qu'elle en serait seule juge.

Mon exposé se déroula bien, le débat qui s'ensuivit mieux encore. Je répondais à chacune des questions de mon interlocutrice et trouvai même les premières très faciles, si faciles qu'elles ne faisaient pas honneur à ma maîtrise du sujet. (Les étudiants de deuxième année sont toujours très prétentieux.) Je pus par la suite placer quelques citations, manifester ma connaissance des six derniers livres et faire quelques références à mes autres lectures. Mme Demengeot me félicita pour mon travail et m'invita à quitter la salle en m'enjoignant de ne pas m'en faire quant à la validation de mon module. À peine sorti, je vis une large affiche demandant aux candidats de ne pas oublier de présenter leur carte d'étudiant à l'examinateur, sans quoi celui-ci pourrait ne pas valider l'examen. Je revins rapidement sur mes pas, attendis que l'étudiant suivant ait choisi son sujet pour signifier à ma professeure que j'avais omis de lui montrer le document justifiant de mon identité. « Ne vous en faites pas Monsieur Genon, me répondit-elle, je vous ai reconnu. Reconnu et même *identifié*, ajouta-t-elle, insistant sur le dernier mot, avec un large sourire. Je vous souhaite de très belles vacances. Au revoir.» Je restai figé, gêné, je sentis mes joues rougir en un instant. Je me repris, balbutiai un « merci et au revoir » timide, tout en gratifiant cependant Mélanie d'un regard amusé et peut-être même coquin. (Je rejouais le soir-même plusieurs fois la scène, devant le miroir de ma salle de bain, pour m'en convaincre.)

Après avoir été ma Mme de Warens, Mme Demengeot était devenue ma Melle Lambercier, la jeune femme qui avait de sa main tapé le postérieur de Jean-Jacques, âgé de huit ans, pour le punir. La petite phrase de mon enseignante m'avait donc fait l'effet d'une fessée, mais, à l'instar de Rousseau, « ce châtiment m'affectionna davantage encore à celle qui me l'avait imposé ».

TEXTE CITÉ

Jean-Jacques Rousseau, *Les Confessions*, Paris, Gallimard, La Pléiade, Tome I, 1959.

COMMENT JE (NE) SUIS (PAS) DEVENU ROMANTIQUE :

LES SOUFFRANCES DU JEUNE WERTHER

Johann Wolfgang von Goethe
1749-1832

Je revenais de la faculté où j'avais suivi un cours d'histoire littéraire consacré au romantisme européen. Le professeur nous avait parlé des précurseurs, du « Sturm und Drang » – (Tempête et Passion) – mouvement littéraire qui avait vu naître l'un des plus célèbres romans allemands, *Les souffrances du jeune Werther* de Johann Wolfgang von Goethe. Fasciné par la présentation qui venait de m'être faite, par cette histoire d'amour impossible, par la force des sentiments du personnage éponyme, par le tragique du dénouement, je m'arrêtai, comme je le faisais souvent, chez le bouquiniste de la rue Sainte-Catherine de Bordeaux qui se situait à une centaine de mètres de ma chambre de bonne, dans l'espoir d'y trouver le livre. Alain G., c'était son nom, le trouva après avoir soulevé et déplacé quelques dizaines d'ouvrages et me le vendit pour 10 francs. La couverture, un détail de *L'arbre aux corbeaux* de Caspar David Friedrich, contenait déjà pour moi tout l'esprit du romantisme.

Je lus le roman le soir même, allongé sur mon lit, sirotant quelques bières bon marché et soulignant les nombreuses phrases qui me parlaient, dans lesquelles je me retrouvais. Pour d'autres raisons que les siennes, j'étais un peu ce Werther : «Quelque fois je me dis : 'Ta destinée est unique : tu peux estimer tous les autres heureux; jamais mortel ne fut tourmenté comme toi.' Et puis je lis quelque ancien poète; et c'est comme si je lisais dans mon propre cœur. J'ai tant à souffrir! Quoi! il y a donc eu déjà avant moi des hommes aussi malheureux?»

Je rendis compte de ma lecture aux quelques personnes à qui je parlais à la fac. À Marta, je racontais avoir pleuré à chaudes larmes – j'exagérais à peine – à la fin du récit. «Arnaud, j'ai toujours su que tu étais un romantique, me dit-elle, pas un romantique de pacotille, un romantique grave et sombre». À ces mots qui me flattèrent, je décidai de pousser mon romantisme jusqu'au bout. Non pas comme Werther – il n'était pas question de mettre fin à mes jours –, mais je désirais explorer en moi cette gravité, ce trouble des passions, cette mélancolie qui m'habitaient depuis plusieurs années… La douleur romantique est par définition complaisante. J'avoue avoir joué le jeu de mes *passions* : je traitais, selon les mots de Werther, « mon cœur comme un petit enfant malade ».

Il y eut d'abord le temps de la solitude. Je n'avais que très peu d'amis et peu de goût pour les regroupements estudiantins. Je n'entretenais que deux relations, celle avec Marta, une amie de longue date – que je voyais deux fois par semaine – et celle avec Frédéric avec qui je suivais de nombreux cours et partageais les repas à la cafétéria. Le reste du temps, je travaillais, flânais dans les librairies, lisais Schiller, Chateaubriand, Musset et Lamartine. J'écrivais aussi dans mes carnets où je consignais mes états d'âme et recopiais de nombreuses citations extraites de mes lectures. Le soir, je regroupais des livres autour de mon lit comme autant de reliques et les feuilletais pendant de longues heures, sans parfois n'en lire aucun. Leurs possibles me suffisaient, me rassuraient. Aux textes littéraires, s'ajoutaient les iconographies de Caspar David Friedrich et de John Martin. Marta, qui étudiait l'histoire de l'art, s'amusait de ce décorum romantique qu'elle trouvait des plus réussis. Caricatural, certes, mais il ne manquait pas de la faire sourire.

Je me livrais par ailleurs, dès que l'occasion se présentait, à la contemplation de la nature. Il me semblait même la découvrir. J'avais vécu plusieurs années à Saint-Jean-de-Luz sans jamais m'émouvoir – ou si peu – d'un coucher de soleil au-dessus de l'océan. Mais la fréquentation des grands peintres (je suivais avec Marta quelques cours et découvrais les livres d'art que les éditions Taschen rendaient accessibles à tous) me fit comprendre qu'elle pouvait être une source d'émotion. Il y avait dans ces premières exaltations une pose des plus ridicules. Mais je fus pris à mon propre piège. À force de faire semblant de m'émouvoir, je finis par être véritablement ému.

Je partis au Lège-Cap-Ferret avec Judith que j'avais rencontrée quelques semaines plus tôt au Resto-U. Sa grand-mère y possédait une petite maison de vacances. Ce devait être au mois de mai, juste avant les examens de fin d'année que nous souhaitions préparer au calme. Judith avait planifié les révisions, du matin au soir, ainsi que les pauses qui nous étaient allouées. Il y avait des plages de travail individuel, des temps de mise en commun, des plans de commentaires composés ou de dissertations à élaborer puis à comparer. Elle se chargeait de m'aider en linguistique une après-midi durant, en échange de quoi je devais lui parler du romantisme (Hugo était au programme) pendant une matinée. Huit heures de travail quotidien, pendant cinq jours. Tous les soirs, à partir de 20h30, le planning nous autorisait à aller assister au coucher du soleil, au bord de l'océan.

La première journée de travail terminée, nos esprits embués par les citations apprises, les notes de cours relues et les pages de critiques avalées, nous prîmes chacun une serviette et regagnâmes à pied la plage la plus proche. Nous nous assîmes, en silence, observant le ciel lentement rougeoyer. Le livre que j'avais à la main – *Les souffrances du jeune Werther* – m'intéressait à vrai dire davantage que la contemplation de la nature… Mais pour jouer mon rôle jusqu'au bout, je décidai de me consacrer entièrement au spectacle qui m'était offert. Je fus rapidement pris d'une forte émotion (était-ce la fatigue ?) des plus werthériennes : « Quand les vapeurs de la vallée s'élèvent devant moi, (…) quand le monde infini commence ainsi à poindre devant mes yeux, et que je réfléchis le ciel dans mon cœur comme l'image d'une bien-aimée, alors je soupire et m'écrie en moi-même : 'Ah, si tu pouvais exprimer ce que tu éprouves ! si tu pouvais exhaler et fixer sur le papier cette vie qui coule en toi avec tant d'abondance et de chaleur, en sorte que le papier devienne le miroir de ton âme, comme ton âme est le miroir d'un Dieu infini !...' » Je versai quelques larmes (mes yeux étaient fragiles) qui n'échappèrent pas à Judith : « Ah ! le romantisme » souffla-t-elle…

Mais les examens passés, l'été venant, mon vague à l'âme coutumier me quitta progressivement. Je tentai bien de le prolonger à travers la lecture de la poésie d'Alfred de Vigny ou de Gérard de Nerval, rien n'y faisait : le charme n'opérait plus. J'étais désenvoûté, j'étais ailleurs. La caricature était devenue grotesque et je ne souhaitais plus voir « s'élargir » la « sainte blessure » dont parlait Musset. J'en avais fait le tour, je l'avais suffisamment explorée. Je désirais vivre autre chose, je rêvais légèreté et insouciance. Je venais d'avoir vingt ans. Sur la plage, le soleil chauffait mon dos, une main le caressait. Je vécus, pendant l'été, une courte idylle avec une cliente de la pizzeria dans laquelle je travaillais comme serveur et lus les œuvres érotiques de Guillaume Apollinaire.

Ce fut une révélation. Adieu ! Ô romantisme. L'année suivante, je serais pornographe !

TEXTES CITÉS

Goethe, *Les souffrances du jeune Werther*, Paris,
Gallimard, coll. Folio, 1973.
Alfred de Musset, « Nuit de mai » in *Poésies complètes*, Paris,
Gallimard, La Pléiade, 1957.

COMMENT J'AI DÉCOUVERT LE POUVOIR
DES LIVRES : *JACQUOU LE CROQUANT*

Eugène Le Roy
1836-1907

Collégien, je n'aimais pas lire. Pour être plus précis, je ne lisais que sous la contrainte, obligé par un professeur ou par maman qui m'invitait régulièrement à prendre un livre et à aller «bouquiner» dans ma chambre. J'accomplissais alors ma tâche, sans déplaisir véritable, sans enthousiasme, non plus. Je croyais et disais à ceux qui me le demandaient que non, ça ne me plaisait pas, la littérature. En fait, les quelques romans de la bibliothèque verte que j'avais parcourus, les *Lettres de mon moulin* que j'avais découvertes quelques mois plus tôt, n'avaient suscité en moi qu'un inintérêt pour la chose écrite. Pourtant, j'aimais bien aller flâner dans les bibliothèques et je passais beaucoup de temps dans le CDI de mon établissement scolaire.

En septembre 1988, je me rendis avec maman à la librairie Tonnet de Pau pour acheter le livre imposé par ma nouvelle professeure de français. La première de couverture de *Jacquou le croquant*, dans l'édition de poche, était illustrée d'un détail d'une toile de Jean-François Millet, « Les Paysans ». On y voyait une femme qui avait posé son panier vide sur la tête, comme pour se protéger du soleil, marchant à côté d'un homme, fourche à l'épaule, dont le visage était assombri par le chapeau qu'il portait. C'était une scène de fenaison. Ce livre, me disais-je, je ne l'aimerais pas. Il semblait triste et violent, comme « L'Arlésienne » d'Alphonse Daudet. L'histoire, celle d'un enfant qui devait affronter la dure vie de métayer, puis cherchait à se venger du marquis de Nansac qu'il tenait pour responsable de tous ses malheurs, ne me parlait pas. Ce livre, me disais-je, me rendant à la caisse, m'éloignerait probablement plus encore des livres. Maman, elle, qui ne l'avait pourtant jamais lu, peut-être pour me donner envie, était sûre du contraire : « Tu verras, je suis persuadée que tu vas aimer. »

Je commençai ma lecture un samedi matin, très tôt. La professeure avait demandé à la classe de lire les trente premières pages pour le mardi suivant, nous promettant une interrogation écrite. J'ouvris le livre, que je trouvais épais et tournais autour, comme à mon habitude. Il n'y avait pas d'illustration et la police de caractère était petite. C'était écrit « serré ». Au début, il était question de Napoléon, de métayers, du Périgord, d'un noble. J'avais du mal à me concentrer. Maman, dans la chambre à côté, se plaignait de douleurs à l'épaule. Peut-être même pleurait-elle. Son cancer gagnait la partie. Papa la consolait, la massait à l'aide d'une pommade anti-inflammatoire pour tenter de la soulager. J'essayai de reprendre le fil de l'histoire, de ce Jacquou et de sa mère qui peinaient sur un chemin de neige pour rentrer chez eux, affrontant un «vent âpre» et la campagne déserte.

Quelques instants plus tard, maman entra dans ma chambre et s'assit au bord de mon lit. Elle me dit de n'avoir pas peur, consciente, probablement, que j'avais entendu ses plaintes répétées.

– C'est étrange, répondis-je, gêné, la maman de Jacquou dit aussi à son fils qui a peur des loups, de ne pas s'inquiéter.

– Et alors, qu'en pense Jacquou?

– Ça le rassure, je crois, mais il a un peu peur quand même…

Maman m'embrassa sur le front et sortit, endolorie, de ma chambre. En l'espace de quelques minutes, je compris le pouvoir de la littérature, je compris qu'elle pouvait nous aider, qu'elle m'aiderait, moi. Elle ne me sauverait pas, elle ne sauverait pas maman non plus… Elle me ferait seulement comprendre que je n'étais pas seul, que mon histoire, ma vie, étaient déjà écrites, non pas sur le grand rouleau, mais dans les livres des bibliothèques.

J'obtins une très bonne note au premier devoir sur le livre et j'en poursuivis d'autant plus sérieusement la lecture. Je m'attachais aux personnages, à Jacquou, bien sûr, mais aussi à son père, injustement condamné au bagne, et qui serait finalement tué pour avoir tenté de s'échapper. À sa maman, seule à s'occuper de son enfant et qui fut contrainte de quitter sa maison pour aller vivre dans les ruines d'une étable perdue au cœur d'un bois. Elle était courageuse cette mère. Elle alla travailler comme faneuse dans une région voisine, mais dut, le temps de la récolte, laisser seul son fils. Cette fois-ci, c'est lui qui la rassura et qui lui dit que désormais, il était capable de se débrouiller sans l'aide de personne.

Maman était alitée depuis quelques semaines et j'allais, chaque fin d'après-midi, lui raconter le déroulement de ma journée. Elle s'intéressait à la suite des aventures de Jacquou. Parfois, je lui lisais des passages, ceux étudiés en classe. Je m'indignais avec elle de l'attitude sans pitié de Nansac et me réjouissais, à ses côtés, du projet de Jacquou de brûler les terres de la forêt de l'Herm qui lui appartenaient. Cependant, maman se fatiguait rapidement, elle perdait le fil, avait besoin de se reposer. Je regagnais ma chambre et ouvrais mon livre.

En rentrant des fenaisons, la maman de Jacquou tomba malade. Elle était revenue épuisée et fut rapidement prise d'une fièvre qui la maintint au lit et la plongea jusqu'à sa mort dans un demi-sommeil tourmenté. Lorsque l'enfant voulait aller chercher de l'aide, elle le rappelait et lui demandait de rester à ses côtés. Il assistait alors, seul et impuissant, à l'agonie de sa mère.

Étrangement, je ne fis pas de lien entre ce qui arrivait au héros de mon livre et ce qui se passait dans ma propre vie. Pas de manière consciente, tout au moins. Je ne vis là aucun mauvais signe du destin, aucun présage alors que maman gémissait de l'autre côté du mur de ma chambre, qu'elle ne s'alimentait que de milk-shakes protéinés, que les médecins se succédaient quotidiennement à son chevet, qu'une bouteille d'oxygène et un masque trônaient à côté de son lit… Cependant, lorsqu'un jour elle me demanda où en était Jacquou, je ne parlai pas de la mort de sa mère. J'omis volontairement d'évoquer cet épisode et préférai relater ses amours naissantes. Maman esquissa un sourire.

– Ce serait bien que tu ailles au bout du livre et que tu l'apprécies.

– Pourquoi ? demandai-je.

– Je ne sais pas, tu auras des bonnes notes et tu vas apprendre plein de choses intéressantes, il doit y avoir une morale à la fin… Tu crois, m'interrogea-t-elle encore, que tout se terminera bien pour Jacquou ?

– Oui, maman, je crois que la fin sera heureuse. J'espère, en tout cas.

– C'est le principal et je suis sûre qu'il doit y avoir une leçon, conclut-elle.

Dans mes souvenirs, maman nous quitta peu de temps après ma lecture du récit de la mort de la mère de Jacquou. Comme lui, «je me mis à sangloter sur sa main que je gardais toujours dans les miennes». Comme lui je me sentis seul, abandonné, perdu. Je n'étais pas lui, mais nous partagions cette étrange et insondable douleur. Jacquou m'accompagna jusqu'à la fin de l'année scolaire, il devint un ami imaginaire à qui je parlais et demandais parfois conseil, un confident à qui je confessais mes peurs, avant de m'endormir. Il fut un véritable compagnon à qui je pense parfois encore, avec émotion.

Je conserve le livre dans ma bibliothèque, dans l'édition que m'avait achetée maman, en 1988, et dans laquelle elle avait inscrit, sur la page de garde, mes nom, prénom et classe. Il possède une place particulière dans mon histoire littéraire personnelle : à l'origine de mon goût pour les livres, il est aussi le témoin de la fin de mon enfance, du passage à un autre âge. Que maman m'ait incité à le lire, qu'elle m'ait aidé à l'aimer n'est pas innocent.

TEXTE CITÉ

Eugène Le Roy, *Jacquou le Croquant*, Paris, Le Livre de poche, 1985.

POURQUOI JE N'AI PAS LU TOUTES LES *LETTRES DE MON MOULIN*

Alphonse Daudet
1840 – 1897

Enfant, je n'aimais pas lire, ça m'ennuyait assez rapidement. Pourtant, l'idée de m'asseoir ou de m'allonger sur mon lit, accompagné d'un livre, de prendre du plaisir à la lecture, de m'évader dans des univers fictifs, me séduisait. J'en avais d'ailleurs toujours un sur ma table de nuit, je l'ouvrais, le soir, le feuilletais, en lisais quelques lignes, quelques pages, puis je le refermais, déçu de n'avoir pas trouvé ce que je cherchais.

Les étés, nous les passions à Seignosse-le-Penon, dans les Landes. Dans la chambre que j'occupais avec mon frère se trouvait un meuble dans lequel j'aimais à retrouver les objets de l'année précédente : des stylos et des feutres,

des coquillages, des cahiers de vacances, des Playmobil…
Il y avait aussi deux livres, *Le Lion* de Joseph Kessel et
Lettres de mon moulin d'Alphonse Daudet. Le premier
était à mon frère, le second m'était destiné. C'était une
édition de la bibliothèque verte, déjà ancienne, où figu-
rait, sur la première de couverture, une représentation de
« L'Arlésienne », une des nouvelles du recueil. C'était à
Seignosse mon livre de chevet alors même que je ne l'avais
encore jamais lu. J'avais bien commencé « La chèvre de
monsieur Seguin », mais Blanquette, je m'en doutais, finirait par se faire dévorer et je ne voulais pas assister à un tel
massacre. « La Diligence de Beaucaire » eut le même effet
sur moi qu'un voyage en coche : je m'endormis. Maman
voulait que je lise. Elle me proposa d'acheter un roman
de la bibliothèque rose, peut-être plus facile d'accès, mais
je refusai. J'étais attaché à ce livre non lu que je ne lirais
peut-être jamais.

Cet été-là – celui de mes onze ans ? –, j'entrepris, dans
un rituel voué à l'échec, ma énième tentative de lecture.
Je choisis « L'Arlésienne », parmi les vingt-quatre contes et
nouvelles que contient l'ouvrage. C'était toujours difficile
d'arriver au livre, aux premières phrases, aux premiers
mots : j'observais d'abord longuement les quelques illus-
trations, comptais les pages – la nouvelle était courte,
probablement la plus courte. Je lisais « autour avant de
lire dedans », comme l'écrit Italo Calvino. Je refermais

l'ouvrage et m'imaginais une histoire, des histoires. Une jeune femme – celle représentée sur la première de couverture – qui parce que très brune me faisait penser à ma mère, tombait amoureuse du meunier et l'épousait. Non, elle quittait sa famille et partait en Espagne. Ou bien elle perdait son âne qui l'avait toujours suivie… Je m'allongeai sur la chaise longue, sur la terrasse du bungalow et abandonnai le volume. Le soleil me chauffait la peau. « L'Arlésienne » pouvait bien attendre.

Maman me sortit de mon demi-sommeil. Il fallait faire les devoirs de vacances. Rien n'était plus terrible pour moi que ces cahiers de révisions. Elle me donna cependant le choix. Je pouvais lire, si je préférais, mais il me faudrait lui résumer, oralement, l'histoire que j'aurais choisie.

Je ne pouvais plus échapper à « L'Arlésienne ». La première page était bien triste, un père pleurait, assis devant sa maison, son fils qui venait de mourir à seulement vingt ans. Les suivantes n'étaient pas plus joyeuses. Jan – c'était le nom du jeune homme – était mort d'amour ou de s'être privé de son amour que l'on disait volage. Il avait essayé de l'oublier, cette arlésienne, il avait feint le bonheur pour rassurer ses parents, mais en lui, tout était mort. Il se tuait au travail puis le soir, il marchait jusqu'au sommet de la colline pour voir les clochers d'Arles. Il revenait, dans le *mas*, la tête basse. Un matin, après avoir pleuré toute la nuit, il se jeta d'une fenêtre et s'écrasa dans la cour de la ferme. «C'était, dans la cour, devant la table de pierre couverte de rosée et de sang, la mère toute nue qui se lamentait, avec son enfant mort sur ses bras.» Je me souviens de cette dernière phrase comme d'un tableau étrange et douloureux. Très douloureux.

J'allai voir maman et lui dis que je préférais finalement faire les exercices de mon cahier de vacances. Je ne voulais pas lui raconter cette histoire, cette fin. Elle aurait été triste, comme je l'étais au fond de moi. J'aurais été gêné de l'attrister et elle aurait été gênée de m'avoir fait lire, sans le savoir, cette histoire trop sombre pour un jeune enfant. Je n'osai alors plus ouvrir *Lettres de mon moulin* que je remisai définitivement au fond du meuble de notre chambre.

Je ne lus jamais les autres textes que renferme le recueil.

Quelques jours plus tard, je me mis à rêver sur la couverture du *Lion* de Joseph Kessel. D'autres histoires s'offraient à moi…

TEXTES CITÉS

Italo Calvino, *Si par une nuit d'été un voyageur*, Paris, éditions du Seuil, 1981.
Alphonse Daudet, *Lettres de mon moulin*, Paris, Pocket, 2005.

COMMENT J'AI JOUÉ AU DANDY

Oscar Wilde
1854 – 1900

Je me souviens très bien la première fois où j'ai cité Oscar Wilde. Ce n'est pas vraiment glorieux, mais n'est pas Wilde qui veut.

J'étais élève de seconde et ma professeure de français, madame A., nous avait demandé de réfléchir à un sujet de dissertation dont l'intitulé m'échappe. N'ayant véritablement aucune idée à créditer à ma propre réflexion, je feuilletais les pages de mon agenda noir « L'étudiant », dans lequel se trouvait, à chaque début de semaine, la citation d'un auteur célèbre. L'une d'entre elles, extraite de la préface au *Portrait de Dorian Gray*, me parut particulièrement éclairante : « Il n'existe pas de livre moral ou immoral. Un livre est bien écrit ou mal écrit, un point, c'est tout. » Elle devint le fil conducteur du plan que nous avions à rédiger, si bien que je devins wildien sans n'avoir jamais lu un de ses livres…

Madame A., lorsqu'elle nous restituait nos copies, commençait toujours par un long préambule. Elle nous expliquait le sujet, ce qu'elle attendait de nous, ce que nous avions bien fait, ce à côté de quoi nous étions passés. Elle mentionnait aussi le nom de deux ou trois élèves (souvent les mêmes) qui s'étaient illustrés soit par leurs mérites, soit par leur bêtise. Jusqu'ici, je n'avais été nommé dans aucune de ces deux catégories, ce qui n'était pas pour me déplaire. Ce jour-là, après avoir félicité Christelle, comme à son habitude, pour la rigueur de son travail et avoir signalé à Olivier qu'il était temps de mettre de l'encre dans son stylo (il rendait constamment des copies blanches), elle me décerna une sorte de prix spécial du jury. En plus d'être bon, mon travail fut qualifié d'original. Madame A. me demanda depuis combien de temps je connaissais Oscar Wilde, si j'avais lu d'autres de ses textes, ses pièces de théâtre notamment, ce à quoi je répondis que ma rencontre avec l'auteur irlandais était très récente, mais que je comptais bien lire les livres qu'elle saurait me conseiller. Je rougissais à mon mensonge et madame A. rougissait de plaisir, voyant enfin un de ses élèves prêt à écouter les recommandations littéraires qu'elle distillait à longueur de cours, en pure perte. Elle termina son discours par une remarque personnelle et humoristique dont elle n'avait pas l'habitude : «Le contenu de votre devoir, cet éloge de l'art pour l'art, en fait, ne m'étonne pas vraiment, Arnaud. J'ai toujours su que vous étiez un peu *dandy*...» J'eus droit à une très bonne note, aux conseils de ma professeure et même à son estime qui m'auréola auprès de mes camarades d'un nouveau statut lui-même source de quelques moqueries.

J'ai toujours dans ma vie voulu être à la hauteur de ce que l'on pensait de moi, chaque fois tout au moins que l'on en pensait du bien. Ainsi, bien plus attentif au regard de mon enseignante qu'aux remarques de mes amis, je tentai de devenir le dandy que je n'étais pas encore et décidai de me plonger dans l'œuvre complète d'Oscar Wilde; il serait, d'après ce que m'en avait dit madame A., un excellent professeur.

À la Maison de la presse de Saint-Jean-de-Luz, je trouvai le seul roman qu'il avait publié – *Le Portrait de Dorian Gray* – et à qui je devais *via* mon agenda, la sympathie de mon enseignante. Rapidement, je me reconnus dans les propos de Dorian Gray, comme tout adolescent pourrait le faire : «Je vais devenir vieux, horrible, effrayant. Mais ce tableau restera éternellement jeune. Il n'aura jamais un jour de plus qu'en cette journée de juin... Si seulement ce pouvait être le contraire! Si c'était moi qui restais toujours jeune, et que le portrait, lui, vieillît! Pour obtenir cela, pour l'obtenir, je donnerais tout ce que j'ai! Oui, il n'y a rien au monde que je refuserais de donner! Je donnerais mon l'âme pour l'obtenir!» La jeunesse éternelle, à seize ans, quand on croit qu'il n'y a pas de vie en dehors de cette jeunesse, quel bonheur! (Quelle bêtise! s'exclame aujourd'hui le quarantenaire que je suis – le vieux con diraient d'autres…). Bien sûr, le dénouement donnait à réfléchir, mais la seule réflexion qui m'importait véritablement à l'époque était que passé vingt-cinq ans, la vie serait derrière nous. Les adultes avaient beau me dire le contraire, vanter les mérites de la maturité, me répéter : «un jour, tu comprendras…», je ne comprenais pas, et j'avais raison. J'étais dans la vie, dans le présent qui m'échapperait à tout jamais quelques années plus tard. Dorian Gray incarnait donc, malgré (ou grâce à) son cynisme, le rêve de l'adolescent que j'étais. C'était d'autant plus étrange que je n'étais pas un «jeune» particulièrement heureux. Mais la jeunesse valait mieux que le reste et elle était, selon le mot de celui qui devenait un maître, «un art».

Je lisais Oscar Wilde. Mais fruit du hasard, grâce à mon frère, Laurent, je découvrais aussi The Smiths groupe dans lequel Morrissey chantait : «Keats and Yeats are on your side / While Wilde is on mine»… N'étais-je pas ainsi paré à devenir le plus dandy de mes camarades (qui pour leur grande majorité, je précise, étaient rugbymen et peu enclins au dandysme) ?

Le combat était gagné d'avance et je le remportai, suivant la logique, assez facilement. D'autant plus que je faisais du zèle et ne ménageais pas mes efforts pour être à la hauteur de ma réputation. Je me procurai, lors d'un séjour à Paris, *The Complete works of Oscar Wilde, Stories, Plays, Poems & Essays*, présentés par Vyvyan Holland, aux éditions Collins. Comme tous les textes de l'écrivain n'étaient pas disponibles en français – tout au moins n'avais-je pas pu trouver ses poèmes ni ses essais (Internet n'existait pas encore) – je me trouvai dans l'obligation de lire certains de ses écrits dans *le* texte… Imaginez la réaction de madame E., ma professeure d'anglais *old school* lorsque je lui déclarai, citant Wilde en anglais, que les Américains avaient tout en commun avec les Britanniques, à l'exception de la langue. Je passais du rang de simple *chouchou* à celui de *teacher's pet* qui était le paroxysme rarement atteint de la chouchouterie…

Ma mèche « rebelle » était de plus en plus longue et je gardais toujours une petite écharpe autour du cou. J'aimais les bons mots, les aphorismes. Ceux de Wilde avaient été réunis dans un petit livre rose et noir intitulé *La jeunesse est un art*. Je le lisais pendant mes heures d'étude et partageais les meilleures citations avec mes camarades. Cela donnait lieu à des saynètes que l'on pourrait restituer en l'échange de deux répliques :

— Écoutez ça, disais-je, c'est génial : « Quand on dit la vérité, on est sûr d'être tôt ou tard découvert. »

— Pfff. Tu nous gonfles, dandy! Viens lire *L'Équipe* avec nous, plutôt…

J'étais incompris et m'en vantais. N'était-ce pas la marque des vrais dandys? Je poursuivais ma lecture, eux, la leur.

Je me rendis compte plus tard que le petit dandy de province qu'on disait que j'étais n'avait rien d'un vrai dandy. Lorsque je pus m'intéresser plus précisément à la question, à la faculté, en lisant des ouvrages érudits sur le sujet, je réalisai que lire et citer Oscar Wilde en pays de l'ovalie était la raison suffisante pour faire de vous un esthète. J'étais devenu le « Brummel de la classe » pour avoir trouvé et utilisé, un peu par hasard, dans mon agenda, le jour d'un devoir de français, une phrase de Wilde.

Je trouve ça rétrospectivement très amusant, d'autant plus que lorsque je jouais au dandy, je n'y croyais pas. Mes professeures avaient joué avec moi, de manière complice. C'était assez pour que le jeu en vaille la peine. Cependant, j'ai toujours aimé Oscar Wilde. Je le relis encore avec plaisir. Je suis allé me recueillir sur sa tombe au Père-Lachaise, je suis allé voir la maison dans laquelle il est né, à Dublin puis celle, à Londres, où il écrivit certaines de ses pièces, *Un Mari Idéal*, *L'Importance d'être Constant*…

Jeune professeur, je l'enseignai à mes élèves. D'abord aux plus petits à qui je faisais lire *Le Fantôme de Canterville*, puis aux plus grands. Une année, une de mes classes fut particulièrement réceptive. J'étudiais avec grand bonheur, pour la première fois, *Le Portrait de Dorian Gray*. C'est délicat, quand on aime un texte, de le partager avec des étudiants. Mais ils aimaient bien, ils avaient (presque) tous lu le roman (presque) entièrement. La thématique fantastique leur parlait, comme elle m'avait parlé à leur âge. Un jour cependant, un de mes élèves, Eddy, d'habitude sérieux et attentif, se fit remarquer par son attitude un peu désagréable. Il parlait en même temps que moi, avait l'air de s'ennuyer, bâillait… Je lui fis remarquer que son comportement était irrespectueux et qu'il m'étonnait, venant de lui.

— Il ne faut jamais écouter. Écouter est une marque d'indifférence vis-à-vis de vos auditeurs, me répondit-il.

Je reconnus immédiatement un aphorisme de Wilde et le félicitai.

— Attention, Eddy, si tu continues comme ça, tu auras d'excellents résultats !

— Désolé monsieur, je ne connais que celui-là…

— Tant pis pour toi, alors…

Nous n'expliquâmes rien aux autres élèves qui s'observèrent et se questionnèrent du regard pendant les dix dernières minutes du cours. À la fin de l'heure, Eddy vint me voir et s'excusa, me dit que c'était un jeu, qu'il avait fait *son dandy…* « *Well done* », lui répondis-je. Il devint, jusqu'à la fin de l'année, le *teacher's pet* de la classe. L'histoire, parfois, se répète.

TEXTES CITÉS

Oscar Wilde, *Œuvres*, Paris, Gallimard, La Pléiade, 1996.
Oscar Wilde, *La jeunesse est un art*, Paris, Les Belles lettres, 1993.
Émile Zola, *La Curée*, Paris, Gallimard, coll. Folio, 1999.

COMMENT J'AI VÉCU UNE JOURNÉE DE POÈTE

Jules Laforgue
1860-1887

C'était un dimanche pluvieux de janvier, à Bordeaux. J'avais prévu de passer la journée à préparer mes partiels qui se dérouleraient quelques semaines plus tard. Il me fallait relire mes cours et quelques poèmes des *Contemplations* de Victor Hugo, prendre des notes, les classer, apprendre des citations, tenter de retenir des règles de phonétique historique. Mais à peine réveillé, je compris qu'il me serait difficile d'accomplir ce travail. Le jour ne s'était pas encore levé et j'étais déjà las. « La chair est triste, hélas ! et j'ai lu tous les livres », pensai-je alors. Tous les livres ? Exception faite (manque de chance) du livre VI des *Contemplations* et de nombreux autres qui me seraient cependant inutiles (heureusement) à l'obtention de mon diplôme. Il faisait froid dans ma chambre de bonne de la rue Sainte-Catherine et la juxtaposition de différentes couches de pulls n'y faisait rien. Dehors, la pluie tombait sans discontinuer et le brouillard formait sur le toit de la synagogue qui faisait face à ma fenêtre un sombre manteau. Dans la rue, quelques rares silhouettes se rendaient à la boulangerie et en ressortaient les bras chargés de sacs en papier blanc qui devaient renfermer de chauds croissants au beurre.

Je tentais de me raisonner, de me motiver, m'asseyais à la chaise de mon bureau, ouvrais les livres mais les pages se vidaient soudainement de leurs mots, de leur sens, tout glissait dans mon esprit comme les gouttes sur les carreaux de la fenêtre. J'écoutais la radio d'une oreille distraite puis en coupai le son, j'allumai la télé pour l'éteindre aussitôt. Le café trop léger était d'une fadeur absolue. Je tentai de me réfugier dans la lecture d'un roman mais les descriptions bien trop longues venaient à bout de mes fragiles velléités. Le temps était mon ennemi, il se figeait et prolongeait ma peine, cet ennui qui ne finirait – je l'espérais tout au moins – qu'à la tombée de la nuit.

« Fuir ! là-bas fuir ! » me disais-je. Mais où fuir quand un dimanche de janvier à Bordeaux on a nulle part où aller ? Je descendis les quatre étages de mon immeuble, traversai la rue Sainte-Catherine où de rares passants attendaient sous les porches que la pluie veuille enfin s'interrompre.

Arrivé au Virgin Mégastore de la rue de la Porte Dijeaux, je regagnai, comme à mon habitude, le rayon littérature. Aucune quatrième de couverture ne me retenait, aucun titre ne me faisait rêver, les livres me tombaient des mains. Je regagnai mon appartement trempé et définitivement gagné par l'ennui. J'aurais voulu dormir jusqu'au lendemain, abréger ce trouble de la volonté et du désir mais le sommeil lui-même se refusait à moi.

Dans un dernier effort, j'ouvris au hasard les *Poésies complètes* de Jules Laforgue et tombai sur son « Spleen » que j'avais probablement lu mais dont je n'avais aucun souvenir.

Tout m'ennuie aujourd'hui. J'écarte mon rideau,
En haut ciel gris rayé d'une éternelle pluie,
En bas la rue où dans une brume de suie
Des ombres vont, glissant parmi les flaques d'eau.

Je regarde sans voir fouillant mon vieux cerveau,
Et machinalement sur la vitre ternie
Je fais du bout du doigt de la calligraphie.
Bah! sortons, je verrai peut-être du nouveau.

Pas de livres parus. Passants bêtes. Personne.
Des fiacres, de la boue, et l'averse toujours…
Puis le soir et le gaz et je rentre à pas lourds…

Je mange, et baille, et lis, rien ne me passionne…
Bah! Couchons-nous. - Minuit. Une heure. Ah! chacun
[dort!
Seul, je ne puis dormir et je m'ennuie encor.

Ce dimanche pluvieux de janvier, à Bordeaux, Jules Laforgue ne me sauva pas de mon ennui. Il m'aida simplement à l'accepter. Le lendemain serait un autre jour.

TEXTES CITÉS

Stéphane Mallarmé, «Brise Marine» in *Œuvres complètes*, Paris,
Gallimard, La Pléiade, 1989.
Jules Laforgue, «Spleen» in *Poésies complètes*, Paris,
Le livre de poche, 1970.

COMMENT UN ÉCRIVAIN PEUT-IL DEVENIR UN *MONSTRE* SACRÉ?

Serge Doubrovsky
1928 – 2017

Lorsque j'ai écrit le texte qui suit, Serge Doubrovsky était encore vivant. Je le savais cependant souffrant. Isabelle m'avait envoyé un message pour me dire qu'il était hospitalisé : «son cœur», avait-elle précisé. Elle voulait que ceux qui avaient connu ce grand écrivain, inventeur de l'autofiction, que ceux qui l'avaient croisé lui consacrent quelques mots, relatant l'histoire de leur rencontre. Isabelle pressentait-elle ce départ? Je me mis au clavier, heureux à l'idée de lui rendre ce petit hommage. Quatre jours après avoir envoyé mon texte, Serge Doubrovsky est mort. Clap de fin. Point final. Souffle coupé. 2017. Il me faut inscrire cette année à côté de son nom. Rideau. Fermé.

Les livres de Serge Doubrovsky occupent une place particulière dans ma bibliothèque. Ils sont rangés à côté de ceux d'Hervé Guibert, et cette disposition, pour qui me connaît, n'est pas anodine. Je me suis promené parmi les feuillets du tapuscrit du *Monstre*, cette première version tentaculaire de *Fils*, pendant dix ans. Dix ans à tenter de comprendre le fonctionnement des entrailles de ce texte. Dix ans à se perdre, à se retrouver, à déceler les rouages d'une mécanique scripturaire unique. Des journées entières à essayer de lire – à l'aide d'un logiciel – ce qu'un feutre noir avait recouvert sur des pages retravaillées par l'auteur, à repérer, fondus dans le texte, des vers du poète belge Paul Verhaeren ou ceux, plus faciles à détecter, extraits de *Phèdre* de Racine. *Détecter...* J'étais, à la lecture de ces brouillons, que l'on appelle scientifiquement «dossier génétique», un détective littéraire, plongé dans les coulisses d'un livre qui m'avait, quelques années plus tôt, particulièrement marqué. J'approchais, dans ma conception romantique de la littérature, le secret de la création, le sacré d'un processus généralement inaccessible. Chaque rature, chaque annotation était abordée avec l'excitation intellectuelle de circonstance, mais aussi avec la crainte blasphématoire d'accéder à ce qui pourrait démythifier l'acte créateur. Cette fréquentation, de l'intérieur, de l'écriture de Serge Doubrovsky a fait de lui un écrivain qui m'est familier. Il est une figure qui m'a accompagné, qui m'accompagne encore, intellectuellement parlant, dans toutes les recherches que je mène sur les écritures du moi.

La place particulière que j'accorde aux livres de Serge Doubrovsky est avant tout due au fait que j'aime ses livres, même si «aimer» n'est pas le verbe adéquat. Je les aime, oui, mais plus que cela. *Fils* a été, lorsque je l'ai découvert, un choc, un séisme littéraire. Je me souviens très bien avoir emprunté le volume à la médiathèque de Bordeaux. Avoir commencé à le lire dans ma chambre de la rue Sainte-Catherine. J'ai encore à l'esprit la résistance que m'imposait le texte, sa langue, ses blancs, son souffle… J'interrompis ma lecture, pensai l'abandonner. J'y revenais, comme malgré moi, happé par un rythme, un flux, une scansion auxquels je n'étais pas habitué. Une fois terminé, *Fils* me hanta longtemps et Serge Doubrovsky devint une référence. Bien sûr, dans le dénuement de lui-même que l'auteur proposait – même si Hervé Guibert, qui m'occupait alors, me paraissait indépassable en la matière –, mais surtout dans la faculté qui était la sienne de se dire, de se traduire dans la mise en scène de sa propre langue.

Je me souviens avoir présenté devant lui une communication qui portait sur son travail. Sur *Le Monstre*, justement, qui n'était alors pas encore publié. Mon émotion était grande, évidemment, mais l'excitation la surpassait.

C'est une chance que de pouvoir soumettre au regard de l'écrivain que vous étudiez le résultat de vos recherches. Nous échangeâmes d'abord un peu, oralement, devant les autres auditeurs, puis Serge vint me voir, pendant la pause, me remercia de mon analyse et m'encouragea à continuer. Je lui donnai alors le texte de mon intervention. Quelques jours plus tard, je reçus de lui une lettre très amicale et bienveillante.

En regardant les livres de Serge Doubrovsky rangés dans ma bibliothèque, pour réveiller des souvenirs de lecture, je me rends compte que *Le Livre brisé* est probablement celui de ses textes que je préfère. J'ouvre le livre. J'y retrouve des phrases soulignées qui résonnent encore en moi : « MORTE COMME MA MÈRE les femmes que j'aime me claquent entre les doigts au téléphone transatlantique elles s'évanouissent de loin de si loin d'un seul coup ET MOI leur ai pas caressé la joue embrassé le front les ai pas serrées dans mes bras les ai pas accompagnées à leur dernier souffle pas recueilli leur dernier regard pas dit adieu non leur mort m'éclate soudain dingue dans l'appareil me fait exploser le crâne. » « Pour déposer ses cendres, je n'ai que des mots. »

Serge Doubrovsky est un écrivain existentiel. L'écriture le ramène à la vie et l'impulse dans celle de ses lecteurs. « J'ai dit quelque part, je ne sais plus exactement où, que j'écris pour moins mourir. Voilà le point central de mon travail d'écriture. Pour moi, la littérature est fondamentalement existentielle. » Être sauvé par l'écriture, sauver par l'écriture : être écrivain.

En 2006, la réalisatrice Dominique Gros nous avait réunis, Serge et moi (et d'autres), dans un très beau documentaire : *Autofiction(s)*. J'y parlais avec Agathe Gaillard d'Hervé Guibert alors que Serge retraçait son parcours et revenait sur la création du mot dont il est l'inventeur. J'avais été invité à la projection de l'avant-première, à Paris. Après le film, autour d'une coupe de Champagne, il me dit le bonheur qu'il ressentait d'avoir participé à ce travail. Puis il ajouta, baissant un peu la voix et demandant l'approbation d'Élisabeth qui l'accompagnait : « J'ai trouvé votre échange avec la galeriste très beau, très réussi. J'ai aimé le caractère intimiste de votre conversation. C'est vraiment un beau documentaire, n'est-ce pas ? »

Dans mon exemplaire de *Laissé pour conte*, je retrouve une photo où j'apparais, à ses côtés, mangeant une pizza au restaurant «I Diavoletti», à Paris, au 89 rue Claude Bernard.

Un homme de passage est le dernier livre de Serge Doubrovsky. J'ai mis du temps à le lire. J'ai retardé le moment où j'aurais à le fermer, à le ranger, à le remiser dans la bibliothèque, à côté de ses pairs. Je voulais – je voudrais encore – qu'il y ait toujours un Doubrovsky à lire, qu'il y en ait toujours un autre, à venir. J'aimerais pouvoir attendre, ronger mon frein, me dire patient. Mais je sais qu'il n'écrit plus. Que son écriture lui demanderait encore trop d'énergie. Je sais qu'il n'écrit plus, mais ses livres sont là. Dans l'Histoire de la littérature et dans ma bibliothèque. Je me souviens l'avoir croisé, avoir parlé avec lui. Il a nourri mon travail, ma réflexion critique. Quand j'ai écrit mon petit livre, ma petite autofiction à moi, sur ma mère, je pensais à lui, parfois… Ce livre, il s'appelle *Tu vivras toujours*.

Les livres de Serge Doubrovsky occupent une place particulière dans ma bibliothèque, une place particulière dans mon cœur. Ils ont la force et l'âme des grands livres. Des livres qui accompagnent une vie. Ce sont les livres de ceux qui jamais ne disparaissent…

Serge Doubrovsky n'est plus, certes, mais ses textes demeurent, sa voix, son rythme, son souffle se font toujours entendre. Ouvrez ses livres et écoutez… Il est là. Vous l'entendez ? Chut. Il est là, vous dis-je… Et nous, à ses côtés. Il nous parle. Encore, encore, encore… Ses livres sont de ceux qui jamais ne disparaissent. La littérature ne sauve personne. Non. Mais elle fait bien mieux. Elle rend éternel. Écoutez…

TEXTES CITÉS

Serge Doubrovsky, *Le Livre brisé*, Paris, Gallimard, coll. Folio, 2003.

Serge Doubrovsky, « Les points sur les 'i' », in Jeannelle, Jean-Louis, Viollet, Catherine et Grell, Isabelle (éd.), *Genèse et autofiction*, Louvain-la-Neuve, Academia-Bruylant, coll. « Au cœur des textes », n° 6, 2007.

DOCUMENTAIRE CITÉ

Dominique Gros, *Autofiction(s)*, 24 août 2007, Arte.

COMMENT J'AI RENCONTRÉ HERVÉ GUIBERT

Hervé Guibert
1955 - 1991

Je n'ai pas connu Hervé Guibert. Je ne l'ai jamais rencontré, physiquement tout au moins. Quand il meurt, le vendredi 27 décembre 1991, j'ai seize ans. Quand il meurt, je ne sais pas qui il est, je n'ai jamais entendu parler de lui. Quand il meurt, pour moi, il n'existe pas. Peut-on mourir, quand on n'existe pas ?

Je commence par la fin. Mais sa fin à lui est un début, pour moi. Nous ne nous sommes jamais rencontrés. J'entends par là que nous ne nous sommes pas rencontrés dans le sens que l'on donne généralement à ce verbe. Nous nous sommes simplement *croisés*. Pas dans la vie, non. Mais dans ses livres, dans l'écriture, son écriture. Ailleurs, aussi, peut-être…

Fin décembre 1991, je suis à Pau, chez mon grand-père maternel. Je lui rends visite quelques jours, entre Noël et le Jour de l'an. Il vit seul, à la campagne, dans une maison isolée et quelque peu délabrée. Maman est morte deux ans plus tôt et ma grand-mère, sa mère, l'a suivie, quelques mois plus tard. Un nénuphar noir leur a poussé dans le corps. Mon grand-père est seul, alors je passe un peu de temps avec lui. Pas assez, bien sûr, mais lui me dit : « Tu sacrifies tes vacances pour moi. » Non, je ne sacrifie rien, je suis content d'être à ses côtés.

Le soir, après avoir regardé avec lui un des films d'horreur qu'il affectionne, je vais dans ma chambre, pour lire. Je lis déjà beaucoup, à seize ans. Avant, je n'aimais pas vraiment ça, mais j'ai eu, comme on dit, un déclic, avec *Jacquou le croquant*. J'ai épuisé, en quatre mois, les conseils de lecture de ma professeure de français, Madame A. Je me suis parfois ennuyé. Je cherche alors des livres qui pourraient me parler. Je cherche des livres qui répondraient à mes questions. Qui me diraient ce que c'est que de mourir. Comme maman. Mais j'ai seize ans et je ne pense pas qu'à la mort. Il y a le désir aussi, le corps, la peau. Dans ma chambre, chez mon grand-père, je fouille mon sac. J'en sors *Trois filles de leur mère* de Pierre Louÿs. Je l'ai emprunté à la bibliothèque. «Vous devriez lire des classiques», me dit la vieille dame aux verres de lunettes d'une rare épaisseur, en me rendant le livre après en avoir retiré la fiche d'emprunt quasi vierge. Ce livre, je le lis en cachette, il me brûle les doigts.

Pendant ce temps, Hervé Guibert meurt. Il a tenté de se suicider quelques jours plus tôt. Avec de la Digitaline, ce médicament utilisé contre l'insuffisance cardiaque qui, pris à forte dose, provoque un arrêt cardiaque.

Le 29 décembre, je reprends le train, en direction de Saint-Jean-de-Luz. À la gare, j'achète le journal, ce doit être *Le Monde*. Ma professeure d'histoire-géographie m'en a conseillé la lecture, une fois par semaine. Les pages sont si grandes que j'ai du mal à les tourner. Je me sens maladroit, je fais beaucoup de bruit, je gêne visiblement mon voisin, agacé par ma piètre maîtrise de l'objet. J'abdique, je plie le journal en deux, le pose sur la tablette ouverte devant moi et jette un dernier coup d'œil avant de le ranger dans mon sac.

Hervé Guibert est mort. Hervé Guibert ? « Avec la mort d'Hervé Guibert se brise la voix la plus singulière de sa génération, s'éteint une vie aux couleurs de destin. » Depuis plusieurs mois, il écrivait sa maladie, il mettait en mots sa disparition. Sa lente agonie. En classe, ma professeure de français m'avait dit que c'était là la limite de l'auto-biographie. Les autobiographes racontent leur naissance, retranscrivent le récit qui leur en a été fait, ils l'inventent parfois. Ils parlent de leur enfance, de leurs amours, du temps qui passe, de leurs vieux jours. Mais de leur mort, ils ne peuvent rien dire. Hervé Guibert repousse le cadre du genre. Il a écrit ce qui ne s'écrit pas, ce qui ne peut pas s'écrire. Le journaliste rapporte une phrase de l'écrivain pour qui le sida était « une maladie qui donnait le temps de mourir, et qui donnait à la mort le temps de vivre, le temps de découvrir le temps et découvrir enfin la vie ». Cela me renvoie à la maladie de maman. Je consigne la phrase dans un carnet, replie le journal, le range. J'ouvre *Trois filles de leur mère*. Le train démarre.

De retour chez moi, je veux rencontrer Hervé Guibert, je veux l'éprouver par les mots, dans ses mots. Ça fait quoi de mourir ? Je me souviens du sentiment d'urgence qui est le mien. À la Maison de la presse de Saint-Jean-de-Luz, je ne trouve aucun de ses livres. Je me dirige alors vers la bibliothèque, elle est fermée le temps des vacances scolaires. Ma grand-tante, Jeanne, s'apprête à venir passer le réveillon de la Saint-Sylvestre chez nous. Elle demande à me parler, au téléphone. Elle va à la Fnac, me dit-elle, est-ce que je voudrais un livre ? Je réponds *À l'ami qui ne m'a pas sauvé la vie*. Elle en a entendu parler, elle m'amènera aussi l'article paru la veille dans *Le Figaro*, « L'Archange foudroyé », par Jacques Almira. Il a l'air dérangeant, cet écrivain, non ? Le soir, au journal de 20 heures, on prononce son nom puis est diffusé un extrait d'une émission où Bernard Pivot l'interroge. J'entends sa voix. D'abord. Puis il y a ce visage, émacié. C'est furtif, mais l'image est marquante. C'est d'ailleurs l'image que beaucoup garderont de lui, celle d'un écrivain du sida qui est passé chez Bernard Pivot. Celle d'un écrivain impudique, qui avait raconté la mort de Michel Foucault, qui avait raconté sa maladie, une maladie que l'on taisait. Cette image est figée. C'est un arrêt sur image, celui qu'imposent les médias, la mise en scène des caméras, le champ contre champ. Hervé Guibert était l'écrivain de sa vie, avant de devenir celui de sa mort.

Le 31 décembre, ma grand-tante m'offre *À l'ami qui ne m'a pas sauvé la vie*. Je l'ai toujours, ce livre, dans la collection blanche de Gallimard. Il est abîmé, taché, annoté, de nombreuses phrases en sont soulignées, de plusieurs couleurs. Il porte l'histoire de mes différentes lectures. Je me souviens très bien de la première d'entre elles, beaucoup mieux d'ailleurs que des suivantes. Jamais un livre – ce livre qui parlait de la mort – ne m'avait autant parlé de la vie… De la vie qui s'en va, qui commence à manquer, qui file, certes, mais de la vie encore, qui se nourrit de l'écriture ou que l'écriture nourrit. Il y a une force, une puissance stylistique. Un souffle. Un désespoir aussi, celui de voir le corps lutter contre les assauts du virus, de le voir plier, sombrer, de le voir devenir tour à tour celui d'un vieillard puis d'un enfant : « Mes muscles ont fondu. »

Hervé Guibert, très vite, immédiatement, devient *mon* écrivain. Il ne m'appartient pas, non, mais il me parle. Il est *mon* écrivain dans le sens qu'il est alors l'écrivain qu'il me faut. Dont j'ai besoin. Avec I., je vais à Bayonne, à la librairie de la rue en pente. J'y achète d'autres livres de l'auteur et notamment *La Mort propagande*, dans l'édition augmentée du Livre de Poche.

Après mon bac, j'étudie la littérature à la faculté. Pendant plusieurs années, on me parle de Balzac, de Zola, de Racine, de La Bruyère, de Proust, de Madame de La Fayette, de Molière, de Rousseau, de Maupassant, d'Apollinaire… Jamais de Guibert. Mais moi, je le lis toujours. Tous ses livres. Je vais à la bibliothèque universitaire chercher des articles, des interviews dans les quotidiens français. Je compile compulsivement tout ce qui le concerne. J'invente un mot : je *guibertine*.

Le soir, seul, dans ma chambre de bonne, rue Sainte-Catherine, à Bordeaux, je regarde ses photos comme un spectacle. Je prends une loupe et traque les détails. Sur l'une d'entre elles qui représente sa bibliothèque, j'essaie de déchiffrer les titres des livres qui s'y trouvent. Ceux que j'identifie rejoignent, sur mon étagère, les ouvrages qu'il a cités dans ses romans ou dans des entretiens. Grâce à lui, je découvre notamment Knut Hamsun, Robert Walser, Thomas Bernhard.

Je réalise à mon tour des photos : des autoportraits, des scènes d'écriture (celles de mes premiers textes, de mes premiers journaux). J'y joue avec la lumière sous laquelle je dispose ma machine à écrire, mon stylo Mont Blanc, mon premier volume de la Pléiade. Je fige des moments de ma vie d'étudiant, j'écris, avec la lumière, mon désir de devenir écrivain. Beaucoup de ces images ne verront jamais le jour. Faute de moyens, je ne les fais pas développer. Ce sont mes *images fantômes* à moi.

Je décide de consacrer mon mémoire de Maîtrise à son œuvre. Pendant un an, je vais vivre avec ses livres. Les relire, en souligner des phrases. Je vais commenter son travail, chercher des liens, des correspondances, des échos. Analyser les influences, les singularités. C'est très étrange la relation que l'on entretient avec un écrivain qui devient sujet d'écriture. La lecture impose une proximité, fait de nous un confident. Je suis son confident, comme lui disait l'être, à sa manière, à la fin de *L'Image fantôme* :

« À t'avoir raconté cette histoire, je m'en sens complètement vidé. Cette histoire est mon secret, tu comprends ?

— Et après ?

— À toi je ne veux pas dire : 'je t'en prie, ne la répète pas'...

— Oui. Mais maintenant ton secret est devenu aussi mon secret. Il fait partie de moi, et je me comporterai avec lui comme avec tous mes secrets : j'en disposerai au moment venu. Et il deviendra le secret d'un autre.

 - Tu as raison. Il faut que les secrets circulent… »

Suite à une conversation avec une artiste qui anime un atelier à la faculté, j'obtiens une copie du film *La Pudeur ou l'Impudeur* que Guibert réalisa à la fin de sa vie. J'étais à sa recherche depuis plusieurs mois, en vain. J'ai l'impression de m'approcher d'un trésor longtemps traqué, mais dont on ne connaît que par ouï-dire le contenu. Une fois la cassette entre mes mains, je la dépose dans ma bibliothèque, comme un objet sacré, à côté des livres de l'écrivain : je recompose son corps artistique.

Je suis pris d'un double sentiment, d'une double émotion. Je désire voir le film rapidement, dans l'instant, mais je souhaite aussi prendre mon temps, me trouver dans les bonnes dispositions. Je vis cet événement à l'image d'une rencontre, d'un rendez-vous avec Guibert. J'aimerais bien lui poser des questions, mais je sais qu'il ne me répondra pas. Il aura seul la parole. Je remets le visionnage à plus tard, à quelques heures puis au lendemain. Plusieurs jours passent et j'introduis enfin la cassette dans le magnétoscope. En fait, j'ai un peu peur de ce qu'elle contient. L'image, ce n'est pas comme les mots. L'image, elle s'impose à nous, nous dicte sa loi. Je m'installe seul devant mon téléviseur, prends la télécommande et presse sur *play*. Hervé Guibert prend vie devant moi, j'entends le son de sa voix. Je retrouve dans le film le *décorum* de ses livres, les lieux que j'avais imaginés : le monastère de Santa Catarina sur l'île d'Elbe, la bibliothèque que j'avais scrutée sur la photographie, le singe empaillé… Guibert prend vie alors même qu'il *joue* sa mort en filmant une tentative de suicide, comme on répète une scène. Il la joue par avance, sans la déjouer, pour l'objectiver, l'apprivoiser. Se l'approprier. Malgré l'image, il aura le dernier mot. Le film me bouleverse.

Lors de ma soutenance, un des deux membres du jury me demande pourquoi j'ai choisi de travailler sur cet auteur. J'avance qu'il est, pour moi, un grand écrivain, au style fluide, qui a su créer un univers singulier. Il a mené son projet autobiographique jusqu'à son terme, au-delà des notions de pudeur et d'impudeur, de vérité et de mensonge. En ce sens il s'inscrit dans la tradition des écrivains du « moi » et s'en distingue par la radicalité de son écriture. Mon interlocuteur a l'air sceptique. Il me dit qu'on l'oubliera vite, Guibert. Je sais qu'il se trompe.

Ensuite, c'est avec Jean-Pierre que je poursuis mon travail. Pour le mener à bien, je me rends un jour à la galerie Agathe Gaillard, à Paris. Une exposition est consacrée à Hervé Guibert. Nous sommes en 2004. Le 4 décembre 2004. J'entre pour la première fois dans ce lieu, rue du Pont

Louis-Philippe, où sont passés Jean-Philippe Charbonnier, André Kertész, Edouard Boubat ou Robert Doisneau. Il y a du monde, c'est un samedi. Ma tête tourne. J'avance. Je suis bien sûr venu voir les photographies, mais je veux aussi rencontrer Agathe Gaillard afin de m'entretenir avec elle au sujet de ma thèse. L'aborder, lui parler, c'est entrer dans l'univers d'Hervé, c'est parler avec un des *personnages*, une des figures du *Seul Visage*…

Je la vois, assise sur une table, au fond de la galerie. J'ai en tête cette photo qui la représente les seins nus. Je me présente – je lui avais envoyé un mail quelques jours plus tôt –, elle accepte de répondre à mes questions, mais pas ce jour-là, il faut repasser en semaine.

Je reviens, un jeudi. J'ai préparé mes questions, les ai proprement écrites dans un carnet noir. Je m'apprête à consigner les réponses, méticuleusement, mais rapidement, je m'en dégage, Agathe me parle d'Hervé de manière très personnelle, elle me pose aussi des questions, c'est une conversation libre, heureuse. J'écoute les anecdotes, les souvenirs, l'évocation d'un autre temps, d'une autre époque. Elle me propose de boire un thé. Et nous parlons encore. Je dois partir, le train n'attendra pas. «Revenez une autre fois», me dit-elle. Je sors de là enivré. Le thé ne m'avait encore jamais fait un tel effet.

Chaque fois que l'occasion se présente, je pousse la porte de la galerie. Agathe, derrière son bureau, me salue : «Bonjour, Arnaud!» Elle me présente aux personnes avec qui elle discute. Je fais le tour des deux petites salles, regarde les photos, m'installe en face d'elle. Nous parlons du photographe exposé, de l'actualité «guibertienne», du passé… Il est toujours question d'Hervé. Les histoires qu'elle me raconte, les photos sorties des cartons qu'elle me montre sont autant de cadeaux. Un jour, j'y croise Christine. Elle m'encourage dans mon travail. Nous aurons plus tard l'occasion de nous revoir et de parler ensemble. J'y saluerai Philippe, le premier amour, celui de *Mes Parents*, qui m'enverra, des années plus tard, le très beau livre qu'il a consacré à leur jeunesse : *Deux garçons*. J'ouvre les portes d'un univers, j'entre dans les livres de ma bibliothèque.

En 2006, une réalisatrice m'invite à participer à un film documentaire qu'elle consacre à l'autofiction. Je passe alors une matinée à évoquer Hervé avec Agathe, dans la galerie, devant une caméra. Nous revenons sur le parcours de l'écrivain-photographe. La réalisatrice et ses assistants s'effacent progressivement, jusqu'à nous laisser l'impression d'être seuls. Elle nous relance parfois, ou nous redirige dans notre dialogue. Trois ou quatre heures plus tard, il est temps de s'arrêter. Une porte claque, alors que toutes les autres sont fermées. «Hervé est là», me dit Agathe… Je souris. «Oui, oui, Arnaud, il est là…» Nous rangeons nos affaires, je m'apprête à partir. Agathe pose les volets rouges sur les fenêtres de la galerie, sort par une porte adjacente. Sur le trottoir, elle me propose d'aller boire un thé, sur l'île Saint-Louis.

Nous nous en allons. Il fait beau. Je suis heureux. J'ai rencontré Hervé Guibert.

TEXTES CITÉS

Jacques Almira, « L'Archange foudroyé », *Le Figaro*, 28-29 décembre 1991.

Hector Bianciotti, « Jusqu'au bout de la nuit », *Le Monde*, 29-30 décembre 1991.

Hervé Guibert, *L'Image fantôme*, Paris, Minuit, 1981.

Hervé Guibert, *À l'ami qui ne m'a pas sauvé la vie*, Paris, Gallimard, 1990.

Pierre Louÿs, *Trois filles de leur mère*, Paris, Union générale d'éditions, coll. 10-18, 1994.

Philippe Mezescaze, *Deux garçons*, Paris, Mercure de France, 2014.

COMMENT MORRISSEY A CHANTÉ MA VIE

Steven Patrick Morrissey
1959

Sing me to sleep / Sing me to sleep / And then leave me alone / Don't try to wake me in the morning / 'Cause I will be gone / Don't feel bad for me / I want you to know / Deep in the cell of my heart / I will feel so glad to go. Les paroles de *Asleep* de The Smiths traversent le mur de la chambre de mon frère, Laurent. Il s'endort en écoutant de la musique, souvent assez fort pour que moi, je ne parvienne pas à m'endormir. Parfois, je lui demande de baisser le son. Il s'exécute, un peu ronchonnant. Mais lorsque c'est la voix de Morrissey, le chanteur et *songwritter* du groupe qui emplit sa chambre et arrive jusqu'à la mienne, je me tais. Ça ne me dérange pas, au contraire. C'est une voix qui m'est familière, Laurent écoute le groupe depuis plusieurs années, depuis 1987, je crois. Je m'en souviens, maman était malade, il invitait des amis à la maison, à Pau. Il s'asseyait sur le rebord de sa fenêtre, grande ouverte, mettait une cassette verte dans son poste radio – *The Queen is dead*–, fumait en cachette ses premières cigarettes. De mon côté, allongé sur mon lit, j'écoutais, malgré moi, ces mélodies sombres et romantiques, attendant que le temps s'égrène et laisse place à des jours plus heureux.

Sing me to sleep / Sing me to sleep / I don't want to wake up / On my own anymore. Laurent écoute moins The Smiths désormais. Mais là, parce que cette voix est devenue plus rare, parce qu'elle me renvoie à un autre temps, je tends l'oreille. Pour la première fois, je me concentre et prête attention aux paroles. Je ferme les yeux. *Deep in the cell of my heart / I really want to go.*

Maman est morte depuis plus d'un an. Nous habitons à Saint-Jean-de-Luz. Je suis souvent triste, le soir. Et ce soir-là, je veux vraiment partir, moi aussi. Pas mourir, non, m'absenter de moi-même, me sentir léger, débarrassé de ce qui m'encombre. C'est étrange d'écouter une chanson qui traduit vos sentiments. C'est tellement étrange que ça vous fait pleurer. De n'être plus seul. Les mots amplifient vos émotions et paradoxalement vous apaisent. *There is another world / There is a better world / Well, there must be.*

Le lendemain matin je cherche, sur sa chaîne HI-FI, le boitier du CD que mon frère écoutait. Je veux confirmer ce que je crois avoir compris à travers le mur, avant de m'endormir. Les mots écrits sont bien conformes aux mots entendus. Je tourne alors les pages du livret et lis les paroles des autres chansons. Aidé de mon dictionnaire français-anglais, je commence à les traduire, en dehors de toute musique, de toute mélodie, dans le carnet qui contient mon journal intime. Les chansons de Morrissey deviennent mon journal. *I wear black on the outside / 'Cause black is how I feel on the inside / And if I seem a little strange / Well, that's because I am.*

Je lis donc Morrissey avant de l'écouter ou de le réécouter pleinement, volontairement, par moi-même, sans l'entremise de mon frère. Qu'il ait écrit plus tard une magnifique *Autobiographie* ne m'a pas étonné. Morrissey est pour moi un écrivain qui chante.

Je commence à emprunter les disques et cassettes de The Smiths que mon frère délaisse pour d'autres musiques. Il s'étonne puis s'amuse de me voir m'y intéresser.

— Je croyais que tu n'aimais pas ce que j'écoutais ?

— Généralement je n'aime pas trop, non, mais ça, c'est une exception.

— « Ça », ça s'appelle The Smiths…

Quelques jours plus tard, à l'occasion de mon anniversaire, il m'offre le vinyle *Rank*, unique album *live* du groupe sorti peu de temps après leur séparation. Je lui en serai reconnaissant toute ma vie. Je crois que c'est là réellement que naît ma passion pour Morrissey. (C'est étonnant ce que l'écriture met à jour, me révèle à moi-même.) Je reprends mon journal et traduit chacune des chansons en demandant parfois de l'aide à ma professeure d'anglais, Mme Boroz, femme très classe de quarante-cinq ans, un peu gothique, que je soupçonne d'écouter The Cure. Je découvre quelques magnifiques textes, comme celui de *I know it's over*, chanson lancinante, complainte d'une profonde tristesse sur la solitude et les amours impossibles… *Oh mother, I can feel the soil falling over my head / And as I climb into an empty bed / Oh well, enough said / I know it's over still I cling / I don't know where else I can go, mother.*

Je compulse la pile des *Inrockuptibles* qui jonchent la moquette à côté de la table de nuit de mon frère. J'y lis chaque critique de disque, chaque interview, notant dans mon carnet des citations, les références que fait Morrissey aux écrivains ou aux réalisateurs qu'il admire. Oscar Wilde – que je lis à peu près à la même période et qui fait de moi, pendant quelque temps, un dandy – trône au firmament dans la hiérarchie des idoles « morrisséennes ». Persuadé que les confluences de ce type ne peuvent pas être dues au seul hasard, je creuse le sillon de cette culture anglo-saxonne qui s'offre à moi.

The Smiths se sont séparés, vive Morrissey. Je l'écoute constamment. Lorsque chez des amis chacun passe, à tour de rôle, sa chanson préférée, je suis celui qui plombe l'ambiance. *Every day is like Sunday* devient un hymne qui semble correspondre à l'adolescent jeune, maigre et un peu blafard que je suis. *Hide on the promenade / Etch a postcard : / « How I Dearly Wish I Was Not Here » / In the seaside town / That they forgot to bomb / Come, come, come, nuclear bomb.* C'est en général le moment que choisissent mes camarades pour aller aux toilettes ou se servir un verre de jus d'orange. Ne comprend pas Morrissey qui veut !

Grâce à *Meat is murder*, je décide de ne plus manger d'animaux et m'adonne au végétarisme avant de l'abandonner, puis d'y revenir, plus tard. Les chansons de Morrissey ont sur moi un pouvoir effectif. Non pas par fanatisme aveugle, mais parce que certains textes m'éclairent puis me hantent. *Heifer whines could be human cries / Closer comes the screaming knife / This beautiful creature must die / This beautiful creature must die / A death for no reason / And death for no reason is murder.* Cette chanson, par le choc émotionnel qu'elle suscite en moi, prolongé par de nombreuses lectures et le visionnage de documentaires, m'éloigne définitivement de l'alimentation carnée.

Les textes de Morrissey constituent pour moi une littérature d'accompagnement. Je peux associer chacune de ses chansons à un ou deux épisodes de ma vie. Mes ruptures et rencontres amoureuses, la naissance de mes enfants, la perte d'êtres proches, mes réussites et mes échecs se chantent toutes et tous dans sa langue. Parfois, des mélodies réveillent en moi des sentiments contradictoires, sans que je puisse clairement en identifier les raisons… Les émotions se sont superposées, se sont stratifiées, au fil des années et des écoutes. Elles font de moi l'archéologue de mon propre passé, m'invitent à fouiller mes souvenirs. Elles sont le palimpseste de ce que je suis. Ma vie est une chanson de Morrissey. *But don't forget the songs / That made you cry / And the songs that saved your life / Yes, you're older now / And you're a clever swine / But they were the only ones who ever stood by you.*

En octobre 2004 j'apprends que Morrissey donne un concert à Paris, quelques semaines plus tard. Je me précipite à la Fnac pour acheter deux billets. Je traverse la ville en courant, les passants me regardent et semblent avancer au ralenti. Rue Émile Zola. C'est très cinématographique, dans ma mémoire. Rue de la République. Nous habitons à Troyes, Diane et moi. Elle sait mon attachement au chanteur, elle l'aime aussi. *And if a double-decker bus / Crashes in to us / To die by your side / Is such a heavenly way to die.* Elle me dit que pour elle, le spectacle se déroulera autant sur scène que dans la salle, qu'elle me regardera regarder Morrissey, qu'elle le verra à travers mes yeux. La Villette. Morrissey. 22 novembre 2004. Il s'avance vêtu de noir, un col romain à la chemise. Béni sois-je… On peut bien mourir après ça, non ?

Ensuite, je vois Morrissey huit autres fois en concert. Avec Diane alors qu'Effie pousse dans son ventre depuis peu, avec I., une amie rencontrée sur un forum de fans. Je l'écoute alors que j'écris ces mots…

Serais-je le même si je n'avais pas connu ses chansons ? Serions-nous les mêmes si nous n'avions pas lu certains livres, rencontré certains auteurs ou chanteurs ? Il faudrait pouvoir revoir le film de notre vie pour démêler les fils, pour mesurer les influences. Il faudrait reprendre l'histoire du « je » depuis son origine. *And if you have five seconds to spare / Then I'll tell you the story of my life : / Sixteen, clumsy and shy / That's the story of my life / Sixteen, clumsy and shy / The story of my life / That's the story of my life / That's the story of my life / That's the story of my life…*

CHANSONS CITÉES, PAR ORDRE D'APPARITION :

Asleep, 1985.
Unloveable, 1987.
I know it's over, 1986.
Every day is like Sunday, 1988.
Meat is murder, 1985.
Rubber ring, 1985.
There is a light that never goes out, 1986.
Half a person, 1986.

COMMENT J'AI RETROUVÉ UN ÉCRIVAIN

Laurent Herrou
1967

Je venais de terminer une conférence sur Laurent Herrou. J'avais parlé de l'écriture du corps et du corps de l'écriture, de la manière dont il faisait corps avec son œuvre. Les derniers mots de ma conclusion prononcés, je lui cédais la parole, pour qu'il lise un texte à côté de moi. Un extrait du *Bunker*. Ses mots, il les incarnait, leur donnait vie, les animait. Je ne le regardais pas, j'observais ceux qui l'écoutaient, en silence. Lui variait les intonations, maîtrisait son souffle, ses muscles, la main qui tenait à distance le livre noir. Eux étaient étonnés, surpris, émus. Lui continuait, tournait la page, reprenait de plus belle, maintenait la tension. Des regards, dans la salle, se croisaient, complices. Eux comprenaient que ce qui se jouait ici n'était pas un jeu, que le personnage à qui il prêtait sa voix, c'était peut-être lui… Eux sentaient que *quelque chose* se passait. Lui aussi. Moi aussi. Les mots se turent. Un silence. Des applaudissements. Un silence, encore. Des questions.

Les gens sortirent en parlant à voix basse. Ils hochaient la tête, ils avaient découvert un écrivain. Laurent Herrou est un écrivain, ce n'est pas rien. Il s'en remet aux mots, il leur donne un sens, un poids, une force. Les auditeurs l'avaient compris. C'est ça, être écrivain.

Je quittai l'École Normale Supérieure, remontai la rue d'Ulm, en direction du Panthéon. Il faisait beau, c'était une journée ensoleillée de septembre. J'étais heureux. Ils étaient plus nombreux, quelques-uns en plus à savoir que Laurent Herrou est un écrivain. J'étais heureux, un avion pour Barcelone m'attendait.

Je travaillais depuis plusieurs mois sur ses livres, je fouillais son écriture, tentais de déceler ce qu'elle renfermait, ce qu'elle cachait. J'avais découvert Laurent – tout au moins c'est ce que je pensais – avec *Cocktail*, en 2010, ce texte qui parlait du petit monde de l'édition parisienne, de la maison qui avait été la sienne – Balland – à l'époque où Guillaume Dustan – son premier éditeur – dirigeait la collection «Le Rayon». Je l'avais à partir de là suivi, comme on dit, mais de loin. Je vivais au Maroc. À chacune de mes lectures, je ressentais un sentiment de proximité, de fraternité littéraire avec ses textes. Ses émotions, sa fragilité me parlaient, me renvoyaient aux miennes. Et puis, je voyais le talent, le style, la langue, travaillée, la phrase, ciselée.

Nous nous rencontrâmes véritablement pour la première fois à Paris. Ce devait être en décembre 2011. Mathieu Simonet avait organisé dans son cabinet d'avocat une lecture de textes que j'avais rassemblés pour *La Revue littéraire* de Léo Scheer, en hommage à Hervé Guibert. Laurent était là, il me salua. Nous échangeâmes quelques mots. Moi généralement si timide, j'étais à l'aise, parler avec lui m'était naturel. À l'issue de la soirée, je crois même que nous plaisantâmes. Je me vois repartir dans une pièce pour aller chercher ma veste et rire avec lui d'un de mes jeux de mots probablement idiot. Je sortis content de cette manifestation autour de Guibert et en même temps triste. Pourquoi n'avais-je pas demandé à Laurent de participer à ce recueil de textes ? Je ne comprenais pas cet oubli et m'en voulais. Je m'en veux encore…

À mon retour au Maroc, nous devînmes amis sur Facebook. C'est bien sûr anodin, Facebook, mais ça permet aussi de maintenir le lien, voire de le creuser. Nous commençâmes à nous envoyer quelques messages relatifs à son travail, aux vidéos qu'il postait sur son « mur » et dans lesquelles il chantait en playback (sur The Cranberries ou

Patricia Kass) et que je regardais avec ma fille de trois ans. Ça l'amusait – et l'interrogeait – qu'un homme puisse avoir la voix d'une femme. Je lui expliquais alors qu'il s'agissait de playback, que Laurent faisait semblant de chanter, il mimait, avec ses lèvres, les paroles d'une autre. Il faisait croire que c'était lui, c'était un jeu… Laurent était lui et un personnage, à la fois. Il devenait un autre, une autre. Laurent, Laura… Le *je* sait parfois être une deuxième personne.

En 2013, je reçus, en Allemagne, *Je suis un écrivain*. Laurent me l'avait envoyé avec une dédicace. Ce texte trouva en moi un écho immédiat. Je travaillais au même moment avec mes élèves – était-ce un hasard ? – sur la figure du poète maudit dans la littérature du XIXe siècle. Je leur expliquais la difficulté qu'il y avait, pour un artiste en général, pour un écrivain en particulier, à rencontrer ses contemporains, à se faire entendre dans une société qui ne voulait pas les écouter. Ou pas assez, tout au moins. Laurent devint à mes yeux un « prince des nuées » postmoderne. Étrange. Il me l'apprit plus tard – était-ce encore un hasard ? – « L'Albatros » était le texte qu'il avait eu à expliquer à l'oral du bac de français.

« Il n'y a pas de hasard, il n'y a que des rendez-vous », aurait dit Paul Éluard…

Quelques mois passèrent. C'est étrange la manière dont les livres nous travaillent alors qu'ils sont rangés dans la bibliothèque. On les croit remisés, réduits au silence, coincés entre deux de leurs semblables, mais ils parlent en nous. *Je suis un écrivain* parlait en moi, souvent, et lorsqu'il me parlait, ce livre, il faisait, à sa façon, advenir l'impérieux désir et besoin d'écrire le livre que je murissais depuis plusieurs années. Il y a des écrivains, comme ça, qui vous aident à écrire. Malgré eux. Ils ne le savent pas. Le pouvoir effectif des mots dont parlait Flaubert…

Il m'envoya *La Part généreuse* accompagné d'une des photographies qui auraient dû illustrer le journal, mais qui avaient finalement été remplacées par de courts textes les décrivant et les transformant ainsi, aux yeux du lecteur, en *images fantômes*. Je retrouvai dans ses mots la même force, le même dénuement. Le travail de Laurent investissait progressivement mon travail de critique, chacun de ses textes faisait écho aux questionnements qui étaient les miens, répondait à des problématiques que j'avais déjà soulevées : fracture identitaire, quête personnelle, construction et déconstruction du moi, journal intime, l'autofiction et ses frontières… Plus je rentrais dans sa vie par l'intermédiaire de la porte de ses livres, plus il rentrait dans la mienne par le biais de mes recherches.

Lorsque j'annonçai à Laurent qu'il serait mon sujet d'étude pour le colloque qu'organisait Isabelle, il ne comprit d'abord pas. Il y eut un quiproquo «facebookien»… Je pense qu'il fut d'abord surpris, puis heureux – peut-être même excité – de devenir matière vive de dissection littéraire. Je crois qu'il aime bien la dissection. (Il a entrepris des études de médecine, avant de les abandonner.)

Un jour, une fois réunis, je posai tous les livres qu'il avait écrits sur le tapis de mon salon. Je les photographiai dans une sorte de rite qui visait à recomposer son corps littéraire.

Je me mis à la lecture de son «œuvre» – je sais qu'il n'aime pas le mot, «œuvre», ça lui donne l'impression que l'on parle d'un mort, et puis Laurent est modeste, ce mot, ça l'intimide, alors que ça ne devrait pas – en reprenant chacun de ses textes dans l'ordre chronologique de parution. Dès les premières pages de *Laura*, je compris. Je connaissais Laurent depuis longtemps, depuis quinze ans. Ce livre, que j'avais trouvé quelques semaines auparavant sur Internet, je l'avais lu dès sa sortie. Je me souvins même l'avoir acheté au Virgin Mégastore de Bordeaux, avoir parcouru plusieurs quatrièmes de couverture du «Rayon» et avoir choisi le sien. L'avoir préféré aux autres. Avoir déjà saisi un peu de son travail. Dès les premiers mots, dès les premières phrases.

J'ai toujours connu Laurent Herrou. Toujours depuis qu'il est écrivain. En fait, je pense connaître Laurent Herrou depuis qu'il est *lui*, depuis qu'il est à sa place. J'ai été un de ses premiers lecteurs. Les circonstances, les hasards, les amis et connaissances nous ont rapprochés. J'ai écrit sur ses livres, je suis allé avec Diane et nos enfants dans le château où il vivait, avec Éric. Nous avons mangé des pâtes et bu du vin de Bourgogne. Nous avons échangé plus de six cents messages sur Facebook dans lesquels nous parlons de son travail, de ses projets, de l'écriture, la sienne, la mienne… Nous avons écrit un livre ensemble[2], pour poursuivre l'échange et le partager avec d'autres. J'ai assisté, aussi fier qu'ému, à son mariage avec l'homme qu'il aime.

Je m'amuse, parfois, à confronter celui que je fus à celui que je suis. Je me revois acheter *Laura* au Virgin Mégastore de Bordeaux, le livre d'un écrivain que je ne connaissais pas. Aujourd'hui, Laurent est un ami. Fred Uhlman avait écrit un très beau petit roman intitulé *L'ami retrouvé*. Je pourrais, à mon tour, en écrire un autre, au titre presque semblable : *L'écrivain retrouvé*.

Et je souris.

---

2. Laurent Herrou et Arnaud Genon, *L'inconfort du je, dialogue sur l'écriture de soi*, Jacques Flament Éditions, 2017.

TEXTES CITÉS

Charles Baudelaire, « L'Albatros », *Les Fleurs du mal*, Paris,
Le livre de poche, 1999.
Gustave Flaubert, « Hérodias » in *Trois contes*, Paris,
Le Livre de poche, 1972.
Laurent Herrou, *Laura*, Paris, éditions Balland,
coll. « Le Rayon », 2000.
Laurent Herrou, *Cocktail*, [2010], La-Neuville-aux-Joûtes,
Jacques Flament Éditions, 2018.
Laurent Herrou, *Je suis un écrivain*, [2013], Publie.net, 2018.
Laurent Herrou, *Le Bunker*, Deuxième Témoignage,
La-Neuville-aux-Joûtes, Jacques Flament Éditions, 2015.

COMMENT J'AI COMMENCÉ À FAIRE VOYAGER UN CARNET

Mathieu Simonet
1972

Le 9 janvier 2017, Carla, une de mes élèves, me rapporte le carnet noir que je lui avais confié avant les vacances. Elle l'a photographié à Naples, depuis le Castel San Elmo qui offre une vue imprenable sur le Vésuve. Il surplombe la ville, ouvert sur une double page où sont manuscrits des mots illisibles. Ce carnet, c'est un des journaux de Mathieu Simonet. En 2013, il est venu à l'École européenne où je travaille, à Karlsruhe, dans le cadre des « Projekttage », les « journées projets », à l'occasion du cinquantième anniversaire de l'école. Il a animé un atelier d'écriture avec une de mes classes et nous avons décidé de faire voyager autour du monde, pendant les cinquante prochaines années, un de ses journaux intimes. Un autre a été cristallisé et trône au fond de la classe, à côté du planisphère où sont épinglées les pérégrinations du premier. Il vit les périples de « son frère » – Angleterre, Maroc, Espagne, Portugal, Hollande, Suède, Qatar, États-Unis, Italie, France, Allemagne… – par procuration.

L'idée de ce projet est de transformer une entreprise individuelle en aventure collective, de faire circuler ces pages intimes du journal, entre les mains des élèves et dans différents pays. C'est aussi une façon de créer du lien entre ceux qui ont promené le carnet et son auteur, entre une école et l'écriture. C'est enfin une manière de rêver, de poétiser le monde, d'écrire, sans s'en rendre compte, à plusieurs, une histoire : celle d'un journal intime qui ferait le tour du monde, qui voyagerait par-delà les continents…

Je vivais au Maroc lorsque j'ai eu vent du premier projet de Mathieu Simonet. « J'ai relu tous les carnets que j'ai écrits pendant vingt ans, puis je m'en suis séparé (un carnet a été transformé en robe, un autre a fait un tour du monde, un troisième a été caché dans un musée d'art contemporain, etc.) » écrivait-il sur son site *Les carnets blancs,* qui portait le nom de son premier livre. Je trouve singulière la démarche qui est la sienne et qui consiste, à chaque fois de manière différente, à mêler le personnel et le collectif, le « je » et le « nous », de rassembler autour de ce que l'on cache généralement : l'intime.

J'avais moi aussi de nombreux carnets, adolescent. Au début, j'y notais des citations, y recopiais des poèmes, les paroles des chansons de Morrissey que je traduisais. J'intercalais les entrées d'un journal intime où je parlais de ma vie au lycée, de ma vie de famille, de ma vie amoureuse. J'écrivais des débuts de nouvelles, je rédigeais des plans de romans. J'en ai perdu beaucoup au fil des déménagements et je ne rouvre pratiquement jamais ceux toujours en ma possession. L'adolescence est un autre temps, un autre lieu. J'ai peur de m'y sentir étranger à moi-même…

Avec Mathieu Simonet, nous avons Hervé Guibert en commun. C'est peut-être grâce à lui que nous nous sommes rencontrés. Je lui avais demandé un texte pour un numéro hommage de *La Revue littéraire*. Il l'avait écrit, mais avait aussi porté le projet en organisant deux rencontres lors de sa sortie. Dans une salle de son cabinet d'avocat, il avait réuni les contributeurs et invité des lecteurs, des admirateurs de Guibert. Ce fut une jolie fête. « Hervé Guibert est une médaille que je ne porte pas. Que je sens près de moi. Partout. C'est une voix qui me réveille. Une voix lointaine » avait-il écrit aussi, ailleurs…

Quand *La Maternité* parut, j'étais au Maroc. J'attendis de revenir en France, pendant l'été, pour me procurer le livre. J'en connaissais le sujet, l'agonie de la mère atteinte d'un cancer, les soins palliatifs et je savais qu'il me serait difficile de le lire. Cette histoire était aussi un peu la mienne. Différente, évidemment. Ce livre fut en même temps une épreuve et un cadeau. Je revivais certains épisodes déjà vécus avec ma propre mère et je les voyais comme transmués par la littérature. C'est peut-être à ce moment-là, qu'inconsciemment, dans le silence de mon esprit, j'ai commencé à écrire *Tu vivras toujours*.

À Cerisy-la-Salle, en juillet 2012, pendant le colloque consacré à l'autofiction, Mathieu a organisé un jeu littéraire. C'est une de ses spécialités. Il crée des couples, les amène à se confier, à se dévoiler alors même qu'ils ne se connaissent pas. Il y en a un qui parle et l'autre qui écrit. Ensuite, on découpe les textes, on choisit des extraits et on demande à une tierce personne de le lire, de le chanter, de le jouer. L'intime circule, sans trop savoir à qui il appartient, il se révèle en public. Le « je » se partage comme un sourire.

À cette occasion, Mathieu m'associe à Nadia, ma collègue tunisienne. Nous nous dirigeons vers une table, à l'extérieur du château. Elle doit me parler de son enfance, de ses souvenirs. On se connaît à peine. Nous avons échangé quelques mails avant le colloque, nous avons déjeuné deux ou trois fois ensemble au cours des cinq jours qui nous réunissent. Et là, autour de cette table, elle est amenée à me faire des aveux. C'est un peu intimidant, au début, pour elle qui parle, pour moi qui prends des notes. Mais je l'écoute, je lui pose aussi des questions, favorise la confession.

– C'est étrange, me dit-elle, de te dire tout ça.

– Oui et non. On se connaît mieux maintenant. Elle est jolie et triste, ton histoire.

Je remonte alors dans ma chambre et j'écris ce texte :

Son bonheur…

Nadia se confie. Nadia me confie. Son bonheur, comme par pudeur. Il y a les souvenirs lumineux, ceux d'une école où les sœurs étaient gentilles, ceux d'une école où Nadia se sentait moins coupable, où elle n'avait pas à prier la Vierge Marie…

La première école était plus dure, mais elle a eu une enfance heureuse… Quand même, elle a perdu ses cheveux, dans cette école, ils étaient longs, avant. Ce n'est pas rien de perdre ses cheveux. Comme Mélanie mon amie, au lycée, qui devait porter un bandana. Comme maman, malade.

Mais le bonheur, comme par pudeur. Cerisy, le château et le parc font resurgir ses souvenirs. Dans cette école, la deuxième, la lumineuse, il y avait des fêtes, Nadia y dansait, Nadia y découvrait l'art, elle peignait. Elle a des souvenirs extraordinaires de cette école, Nadia. Et puis on y mangeait comme ici, à Cerisy. Des soupes. Des salsifis.

Le bonheur se reconstitue par touches, il est impressionniste, pointilliste. Flash. On sourit, on prend la pause.

Nadia partage ses souffrances, ses failles, sa fracture, à elle, on y vient, avec pudeur, après le bonheur. On ne peut pas dire tout de suite qu'on a été malheureux. Pourtant Nadia a connu la douleur. Ses parents se sont séparés. Son père préférait la secrétaire. Mais ce n'était pas de l'amour. Autre chose. La vie a basculé. Privé d'être ensemble… Humiliations.

Il n'y a plus rien de lumineux puisqu'elle me dit sa peur du noir, des sirchs, des djnouns, de la sorcellerie, de sa cousine qui aurait pu être un personnage de roman et qui parlait des esprits comme s'ils étaient là. Ils étaient là. Réels.

Et quand le jeu s'achève, nos pas vers le château. Avant d'ouvrir la porte, Nadia me dit qu'il lui a fallu du temps pour dire cela, il lui a fallu une thérapie… Je ne sais plus si nous sommes encore dans le jeu lors de cet aveu, je n'ai plus de feuille, de stylo. Mais dans ce hors-jeu, dans ce prolongement du geste de la confession, Nadia me dit tout : le bonheur n'est que pudeur.

Un extrait de ce texte avait été le soir même interprété au piano.

Avec Mathieu Simonet, j'ai décrit ma chambre, raconté des rêves, écrit un texte sur ma mère, j'ai fait écrire mes élèves sur leurs parents, mais aussi sur leur adolescence en écho à des textes rédigés sur des carnets par des patients des hôpitaux de Paris. Je me suis toujours plié avec eux aux exercices, jouant le je (u) de l'intime.

Demain, je donnerai le carnet à Théo. Il part pour les vacances de Pâques au Japon, d'où est originaire sa maman, et fera une escale à Pékin. Il m'a promis de belles photos sur la Grande Muraille.

TEXTES CITÉS

Mathieu Simonet, «Mathieu Simonet parle d'Hervé Guibert», herve-guibert.net, http://www.herveguibert.net/mathieu-simonet
Mathieu Simonet, site Internet «Les carnets blancs», http://www.lescarnetsblancs.com/Mathieu_Simonet_-_Les_Carnets_blancs___accueil.html

COMMENT J'AI DÉCOUVERT LE COURAGE EN LITTÉRATURE

Abdellah Taïa
1973

Le 9 novembre 2009, je raccompagnai une amie à l'aéroport Mohammed V de Casablanca. Sur le présentoir d'une des presses du hall d'entrée, à la recherche du livre d'un auteur marocain que l'on m'avait conseillé – et dont j'oublie le nom – je trouvai *L'Armée du salut* d'Abdellah Taïa. L'écrivain y racontait un épisode de sa vie, en son nom propre. J'achetai le livre sans en savoir davantage, un peu instinctivement, je le mis dans mon sac en dos, comme on protège une promesse.

Arrivé chez moi, à Mohammedia, je redécouvrais, assis sur mon canapé, les lignes de présentation du livre. Certains éléments me frappèrent. Il était question de « sensualité » entre le narrateur-auteur adolescent et son frère aîné. Une citation extraite du roman (« La réalité de notre famille a un très fort goût sexuel, c'est comme si nous avions tous été des partenaires les uns pour les autres ») m'interrogeait. Je vivais au Maroc depuis quelques mois et je comprenais que ces phrases – qui pouvaient susciter de la curiosité, voire déranger en France – revêtaient ici un caractère des plus subversifs. Abdellah Taïa, en parlant de la famille, de sa famille, de la sensualité, de sa sexualité portée vers les autres hommes, abordait la majorité des sujets que les Marocains devaient taire en public… En en faisait un livre, un roman, il devenait un écrivain éminemment politique, au sens le plus noble du terme.

Après l'échange de quelques mails, je le rencontrai à la librairie le Carrefour des livres, dans le quartier du Maarif, à l'angle des rues des Landes et Vignemale de Casablanca, derrière le Twin center, cette réplique en miniature des Twin Towers new-yorkaises qui dominent la capitale économique du Maroc. Nous échangeâmes quelques mots, rapidement, il me présenta à son éditrice, puis je m'installai au fond de la salle. Les auditeurs arrivaient, se saluaient, parlaient fort. Le lieu était exigu, on avait du mal à se faufiler entre les chaises et les tables de livres. Abdellah s'assit, attendit le silence puis commença à parler. Il présentait un collectif qu'il avait dirigé, *Lettres à un jeune marocain*. Il parlait de cette jeunesse orpheline, de ses rêves de liberté, de ses désirs étouffés. Il parlait de ses propres livres, de son enfance à lui, à Salé, où on l'avait enfermé dans sa condition de pauvre. Il parlait de là, il le disait : « je parle de Salé, la ville des corsaires ». C'était beau, cette voix venue de loin dans le temps, de loin dans l'espace…

Il lut un magnifique extrait des *Lettres portugaises* (dont il recommande souvent la lecture), évoqua les Al-Moallakat, ces poèmes accrochés sur les murs de la Kaaba, avant l'apparition de l'islam, parla du cinéaste Wong Kar-waï, des films de Bruce Lee… Alors que le public se levait pour aller faire dédicacer quelques livres, je sortis, ému, de cette rencontre. Je compris qu'Abdellah Taïa serait un de *mes* écrivains, un de ces écrivains pour qui l'on trouve une place particulière dans sa bibliothèque, à côté de l'écrivain préféré, mais aussi à côté des écrivains qu'il aime : Mohamed Choukri, Abdelfattah Kilito, Jean Genet, Hervé Guibert…

Par mail, je le remerciai et le félicitai. Pour ses livres, pour son discours. J'en parlais à mes quelques amis et collègues marocains. Certains ne le connaissaient pas, d'autres soutenaient son combat. Et puis, il y avait ceux qui me disaient : « Ah, Taïa… Tu sais, il ne devrait pas dire tout ce qu'il dit… » Je demandai pourquoi, que disait-il qui aurait dû être tu ? « Tu sais, au Maroc, on ne parle pas beaucoup de certaines choses… » Et de quoi parlait-il qu'il aurait fallu passer sous silence ? « Tu ne comprends pas, le Maroc, c'est pas comme la France. » Je savais que le Maroc n'était pas la France et je pouvais comprendre autre chose que ce qui se disait ou se pratiquait en France. Je saisissais bien évidemment la gêne, chez mon interlocuteur, gêne si profonde qu'elle n'osait même pas s'exprimer.

Je rencontrai assez rapidement un universitaire marocain, spécialiste de l'autobiographie dans la littérature arabophone. Je me liai d'amitié avec lui, nos rencontres étaient très riches, il me présentait le Maroc sous des angles que je n'aurais jamais découverts sans lui. Il m'apprenait aussi beaucoup sur la littérature marocaine. Il me fit lire et aimer le grand Edmond Amran El Maleh et me proposa même de le rencontrer. Il mourut hélas avant que rendez-vous soit pris. Avec M., nous parlions littérature, mais lorsque nous abordions les livres d'Abdellah, il y avait, chez lui aussi, une pointe d'embarras. Pas de défiance frontale, de rejet rédhibitoire, mais une réserve. C'était un trop jeune écrivain pour le considérer de manière sérieuse, sa médiatisation était suspecte… Pourtant, lorsque j'écrivis un article sur un de ses livres, il m'aida à le faire paraître dans un quotidien national. Peut-être savait-il l'importance qu'il y avait à parler de ses livres, mais ne pouvait-il pas le faire lui-même.

Lors d'une rencontre dans un café littéraire à Casablanca, en 2010, je saisis véritablement la force du combat que menait Abdellah. Une fois l'échange avec la modératrice terminé, des auditeurs commencèrent à poser des questions, plus précisément à le prendre à partie, violemment parfois. Il n'était plus question de littérature, évidemment, mais de «morale», de «honte», «de trahison». On lui demandait de justifier ce qu'il avait écrit, on lui reprochait de donner de l'islam en général et du Maroc en particulier une «mauvaise image». Abdellah répondait, argumentait, expliquait, légitimait sa démarche. Quelques personnes applaudissaient, d'autres criaient, en arabe, ce qui me semblait être des injures. En sortant, je croisais une de mes collègues, professeur d'arts plastiques. Elle était abattue. Elle était marocaine et me dit avoir honte d'avoir entendu ce que disaient certains des auditeurs.

À l'occasion d'un de nos échanges, il me demanda de lui donner un texte personnel en hommage à Jean Genet, pour un numéro spécial de la revue *Nejma* qu'il dirigeait. Il ne voulait pas un des textes universitaires auxquels j'étais habitué, mais un texte intime. Je l'écrivis, j'y parlais de ma découverte d'Hervé Guibert et de Jean Genet, de la disparition de ma mère, d'un voyage que je fis sur la tombe de l'auteur du *Journal du voleur*, au cimetière espagnol de Larache. Il le publia.

Quelques mois plus tard, c'est à la Bibliothèque Nationale du Royaume du Maroc que j'assistai à une rencontre. Et cette fois-ci, je n'eus pas à attendre les interventions du public. L'animatrice du débat se chargeait elle-même, à travers ses questions, de prolonger le malentendu voire l'incompréhension qui existait à propos de ses livres. « Pensez-vous que votre sexualité intéresse les Marocains ? » Il y avait dans ses questions, dans l'ironie dont elle faisait parfois preuve le pire des mépris : le mépris de caste.

Abdellah poursuivait son combat, inlassablement, expliquait, parlait de ceux à qui on ne donne jamais la parole : les pauvres, les noirs, les prostitué(e)s. Abdellah ne tremblait pas. Il disait ce qu'il savait et que beaucoup refusaient d'entendre. Sa voix venait de l'autre côté du fleuve Bouregreg qui sépare Salé de Rabat. Elle venait de Hay Salam. Elle était belle et pure, chargée des pleurs et des larmes des laissés-pour-compte. Elle était portée par les fantômes de son passé et par ceux des corsaires de la ville de son enfance.

Sur la route du retour, vers Mohammedia, je mesurais la force et l'énergie qui lui fallait pour venir parler régulièrement au Maroc. Je l'admirais. C'était ça, avoir du courage.

Depuis que je suis rentré du Maroc, nous nous sommes, avec Abdellah, croisés quelques fois, à Paris, à

Cerisy-la-Salle, à Strasbourg. Je suis son travail avec beaucoup d'attention depuis l'Allemagne où j'habite maintenant. Je le suis et l'admire toujours. Il ne s'est jamais dédit, jamais renié. Il poursuit son œuvre et sa lutte en faveur des libertés, des plus fragiles, des exclus, de ceux que le Maroc abandonne. Il résiste avec les mots de ses livres de manière simple et exigeante. En parlant d'où il vient. Du quartier de Hay Salam. Au nom de ceux qui ne peuvent pas parler. Sa voix est forte, elle porte, elle est violente aussi. Belle et violente. Elle souffle comme une promesse…

TEXTE CITÉ

Abdellah Taïa, *L'Armée du salut*, Paris,
Éditions du Seuil, coll. Points, 2008.

POURQUOI J'AI COMMENCÉ À ÉCRIRE DES LIVRES…

J'ai huit ans. Dans ma chambre, j'agrafe deux feuilles petit format que j'ai extraites de mon classeur d'école. Je viens d'y consigner la triste histoire d'un chien errant qui vagabonde depuis quelques semaines autour de chez moi. J'ai inventé son parcours, imaginé sa vie. C'est mon premier livre.

J'ai seize ans. J'ouvre les pages d'un carnet Clairefontaine bleu. J'y recopie les phrases d'un roman de Valérie Valère, *Obsession blanche*. Je les ai soulignées au crayon à papier et je veux en conserver la trace, le souvenir. Ces citations, je les lis, les relis et finis par les connaître par cœur : « Blanc, couleur morose, qui ne dit que l'absence, qui ne dit que l'attente et ne parle que d'oubli. »

Les carnets se remplissent. Aux mots des autres – Wilde, Morrissey, Guibert, Bataille, Louÿs, Musset – s'ajoutent les miens. J'intercale des aphorismes, des pensées, des rêves, des désirs. Je recopie cette phrase de Flaubert, extraite de *Madame Bovary* que j'étudie en classe de seconde : « Elle avait lu *Paul et Virginie* et elle avait rêvé la maisonnette de bambous, le nègre Domingo, le chien Fidèle, mais surtout l'amitié douce de quelque bon petit frère qui va chercher pour vous des fruits rouges dans des grands arbres plus hauts que des clochers, ou qui court pieds nus sur le sable, vous apportant un nid d'oiseau. » Dessous, sans transition, de la même encre, je note : « L'embrasser sur la bouche les yeux ouverts. Partir sans rien dire, sans me retourner. »

Les carnets de citations deviennent des journaux intimes. Les entrées s'espacent et laissent place à des débuts de romans, des nouvelles inachevées. Des poèmes. Je n'ai pas d'amis. Je me confie. Je respire. Je ne pense pas devenir écrivain. Je veux seulement lire des livres, voyager, m'indigner, réfléchir avec eux. L'écriture n'est qu'une manie, une lubie. Ce n'est pas une fin.

J'ai vingt ans. Sur la machine électronique que m'a donnée ma grand-mère, je tape mes premières nouvelles. Nous organisons, avec des amis étudiants, des « ruelles », salons littéraires hérités du XVIIᵉ siècle, organisés dans la chambre de l'hôte ou de l'hôtesse. Nous lisons nos textes et partageons nos lectures. Nous buvons et fumons tout ce qui nous passe sous la main.

J'ai vingt-quatre ans. J'écris sur Hervé Guibert. Pendant un an, tous les jours, je vais lire et prendre des notes, souligner, commenter, rapprocher des extraits, des auteurs, des peintres, des photographes. Je vais écrire *sur*. « Voilà donc le langage ramené à la nature d'un instrument de communication, d'un véhicule de la 'pensée'. » Je suis, selon le mot de Roland Barthes, un « écrivant ». Je le suis longtemps, je le suis chaque fois encore que j'analyse les autres écrivains, que j'étudie leurs livres.

J'ai trente-deux ans. Je viens de terminer ma thèse. C'est un véritable accomplissement. En même temps, cette écriture *sur* a balayé toute velléité d'écrire, tout simplement. À fouiller les méandres du génie littéraire, on finit par penser qu'il nous est inaccessible.

Ce sont ensuite des livres qui me ramènent à l'écriture. Des livres qui évoquent la figure maternelle. Des livres que je n'ai pas envie de commenter, qui me parlent, simplement, qui me ramènent à moi, à ma vie, à mes failles, mes fractures. Serge Doubrovsky, Antoine Silber, Mathieu Simonet… Si je devais un jour en écrire un, me dis-je, ce serait celui que je dois à ma mère…

En 2010, Abdellah Taïa me demande d'écrire, pour le numéro spécial de la revue *Nejma* consacré à Jean Genet qu'il dirige, un texte de création, en relation, de près ou de loin, avec l'auteur de *Journal du voleur*. J'hésite puis lui envoie alors une nouvelle intitulée « M'abandonner sera mon offrande ». Quelque chose s'est joué là, en moi. Sans en avoir totalement conscience, je commence à écrire dans mon esprit les livres à venir.

J'ai quarante-et-un ans. Ce livre, je le ressens alors qu'il se termine, constitue un trait d'union entre les deux pratiques d'écriture qui sont aujourd'hui les miennes. Écrire *sur* les autres, écrire *sur* soi, écrire, tout court. *Mes* écrivains, ceux que je lis, que j'ai lus, m'ont, malgré eux, mené à moi, à ce « je » auquel, quoi qu'on en dise, on revient toujours. Ils me font advenir dans ce texte, sinon comme un écrivain, du moins comme un « je » qui écrit. Qui s'écrit.

<hr>

TEXTES CITÉS

Roland Barthes, *Essais critiques*, Paris, Seuil, 1964.

Gustave Flaubert, *Madame Bovary*, Paris, Le livre de poche, 1992.

Arnaud Genon, « M'abandonner sera mon offrande », *Nejma spécial 2, Jean Genet un saint marocain*, sous la direction d'Abdellah Taïa, 2010.

Jean Genet, *Journal du voleur*, Paris, Gallimard, 1982.

Valérie Valère, *Obsession blanche*, Paris, Le livre de poche, 1992.

TABLE DES MATIÈRES

DU MÊME AUTEUR

J'ai depuis longtemps ce
livre en moi. Il relate la disparition de ma
mère, alors que j'étais encore un enfant. C'est un court roman,
plus précisément une autofiction, c'est-à-dire une autobiographie
consciente de son impossibilité : je ne suis jamais que la fiction de
mes souvenirs, de ma mémoire.

C'est un livre sur l'enfance et l'innocence, sur l'aveuglement et la
perte. Sur l'écriture, aussi. Un livre du "je" que j'aimerais croire
universel : un enfant, sa maman, la mort.

Tu vivras toujours, Rémanence, ISBN 979-10-93552-40-8

WWW.EDITIONSDELAREMANENCE.FR

SUIVEZ-NOUS SUR

@EditionsdelaRemanence

@ed_remanence

@editionsdelaremanence

@editions-de-la-remanence

IMPRESSION : BOOKS ON DEMAND, GMBH
NORDERSTEDT, ALLEMAGNE
DÉPÔT LÉGAL : DÉCEMBRE 2018